I0819092

REVITALIZACIÓN
DE LA IGLESIA

FUNDAMENTOS BÍBLICOS, TEOLÓGICOS Y MINISTERIALES
PARA REVITALIZAR LA IGLESIA CONTEMPORÁNEA

ERICK TUCH

EDITORIAL CLIE
C/ Ferrocarril, 8
08232 VILADECAVALLS
(Barcelona) ESPAÑA
E-mail: clie@clie.es
http://www.clie.es

REVITALIZACIÓN DE LA IGLESIA
Fundamentos bíblicos, teológicos y ministeriales para revitalizar la iglesia contemporánea
ISBN: 979-13-87625-14-6
Depósito legal: B 24345-2025
Ministerio cristiano / Recursos pastorales
REL074000

Impreso en Estados Unidos de América / *Printed in the United States of America*

26 27 28 29 30 31 32 33 34 35 / TRM / 14 13 12 11 10 9 8 7 6 5 4 3 2 1

Acerca del autor

Erick F. Tuch, guatemalteco, es licenciado en Ministerio Cris- tiano (SEBIPCA) y licenciado en Ciencias de la Religión (Universidad Da Vinci). También es máster en Artes en Estudios Bíblicos y Teoló- gicos por el Seminario Sudamericano (SEMISUD, Ecuador) y máster en Liderazgo y Administración de la Iglesia por la Universidad Lee (EE. UU.). Es doctor en Ministerio por el Pentecostal Theology Semi- nary (EE. UU.).

Es profesor en el Seminario Bíblico Pentecostal de Guatemala y en el Seminario Bíblico Pentecostal Centroamericano (SEBIPCA).

Es pastor desde hace veinte años en Iglesia de Dios Evangelio Completo de Guatemala.

Es escritor, conferencista de la Sociedad Bíblica de Guatemala y Presidente de la Junta Directiva de dicha institución.

Está casado con Margori Batres y es padre de tres hijos: Andrés, Pablo y Máryori.

A la Iglesia de Dios Evangelio Completo de Guatemala.
Con profundo amor y gratitud.

CONTENIDO

PRÓLOGO

Este libro representa una contribución significativa al debate contemporáneo sobre la renovación eclesial en América Latina. El autor articula una propuesta integral que aborda uno de los desafíos más apremiantes de nuestro tiempo: cómo revitalizar iglesias que, en sus propias palabras, «viven en diferido porque se quedaron atrapadas en el pasado». La tesis central que el autor defiende queda claramente establecida desde la introducción: «Es el evangelio la gran fuerza que impulsa y dinamiza a las iglesias, porque fue escrito para engendrar fe en Jesucristo, para instruir y formar discípulos». Así, la revitalización eclesial solo es posible mediante un retorno genuino a Jesucristo a través de su Palabra y su Espíritu. La propuesta se desarrolla progresivamente a través de una estructura bien diseñada. El autor guatemalteco sostiene que «para que la iglesia experimente renovación debe volverse a Jesús, quien es el evangelio de Dios». Esta tesis se despliega en diez capítulos que funcionan como argumentos interconectados, cada uno explorando una dimensión específica del proceso de revitalización: desde la necesidad de nuevos paradigmas en el primer capítulo hasta acciones pastorales concretas en el último.

El académico y pastor Erick Tuch comienza estableciendo la necesidad del cambio paradigmático. Afirma que «la crisis debe considerarse como una experiencia de purificación, de crecimiento y de transformación». Luego desarrolla los fundamentos teológicos esenciales, argumentando que «conocer la Palabra de Dios da la posibilidad de conocer a Dios», para posteriormente abordar las implicaciones prácticas en términos de discipulado, misión, liderazgo y ministerio. El autor desarrolla su propuesta desde un enfoque hermenéutico integral, que articula tres dimensiones fundamentales: bíblica, teológica y ministerial. Esta triple perspectiva no solo estructura su reflexión, sino que también orienta su propuesta pastoral hacia una iglesia relevante y enraizada en la experiencia del Espíritu.

Desde la perspectiva bíblica, fundamenta su propuesta en narrativas evangélicas cuidadosamente seleccionadas. Textos como Juan 4, Lucas 5 y Hechos 19 no son solo ilustrativos, sino paradigmas que orientan la práctica eclesial en áreas como la adoración, el discipulado y la revitalización. Su principio hermenéutico es claro: la interpretación debe reconocer la autoridad de las Escrituras, depender de la guía del Espíritu Santo y realizarse en comunidad.

En cuanto a la perspectiva teológica, el autor se sitúa dentro de la tradición pentecostal, destacando una hermenéutica que privilegia la acción del Espíritu para comprender las Escrituras. Reconoce la necesidad de sumar la misión integral en la teología pentecostal y propone una pneumatología robusta, en la que el Espíritu Santo empodera a la iglesia para cumplir eficazmente su misión en el mundo.

Finalmente, la perspectiva ministerial impregna toda la obra con un enfoque práctico y pastoral. El pastor Tuch ofrece principios concretos para revitalizar iglesias y acompañar procesos de plantación, y propone acciones, como la creación de espacios de encuentro con Dios y la conformación de equipos ministeriales diversos. Su reflexión nace de la experiencia pastoral y busca responder a los desafíos actuales con propuestas contextualizadas y transformadoras.

En conjunto, esta propuesta hermenéutica ofrece una visión renovada de la iglesia que es profundamente bíblica, teológicamente comprometida y pastoralmente pertinente.

La originalidad del trabajo se manifiesta en varios elementos que el propio documento revela. Primero, el autor presenta una síntesis innovadora entre espiritualidad pentecostal y misión integral: «En los últimos años, los pentecostales han estado construyendo su teología misionológica con interesantes propuestas. Han integrado muy bien las aportaciones de la misión integral y el contexto con la acción del Espíritu Santo». Esta integración representa un aporte significativo al diálogo teológico contemporáneo. En segundo lugar, la obra ofrece una metodología distintiva basada en narrativas evangélicas como fundamento para la renovación eclesial. Como el autor indica, «este libro no es metodológico, es decir, no propone un proceso práctico para revitalizar la iglesia, pues cada iglesia tiene un ADN particular y requiere un proceso específico». Esta aproximación respeta la particularidad de cada comunidad, al mismo tiempo que ofrece principios transferibles. Y, finalmente, el texto articula lo que podríamos llamar una "pedagogía de la revitalización", basada en el modelo de Jesús. El autor desarrolla extensamente cómo «la pedagogía de Jesús desafía los paradigmas tradicionales, inadecuados para comprender y enseñar la verdad de Dios», y aplica esos principios al contexto contemporáneo de manera creativa.

Por otra parte, el texto identifica necesidades específicas del momento histórico-eclesiástico actual, como la urgencia de «modelos bíblicos de liderazgo», la importancia de «una espiritualidad pentecostal auténtica» y la necesidad de discipular «a las generaciones emergentes». Estas temáticas responden directamente a los vacíos teológico-pastorales que enfrentan las iglesias latinoamericanas.

El autor entabla un diálogo enriquecedor con diversas voces del pensamiento teológico iberoamericano contemporáneo. Destacan José Antonio Pagola, con su visión del discipulado como estilo de vida; René Padilla, cuya eclesiología misional atraviesa toda la obra; Harold Segura al respecto de la contextualización; Alberto Roldán, con las perspectivas de la función de la teología, la espiritualidad que deseamos y el compromiso con la justicia y el reino de Dios; Leonardo Boff, en torno a la crisis y el crecimiento; y Darío López, con su enfoque en la espiritualidad pentecostal. Este diálogo es convergente y constructivo. El autor profundiza en la teología de Padilla al afirmar que la misión precede a la teología, y amplía las ideas de López sobre «la fiesta del Espíritu». Además, logra una síntesis integradora entre la teología pentecostal y la misión integral, reconociendo la necesidad de articular ambas tradiciones.

El libro *Revitalización de la iglesia* de Erick Tuch está dirigido principalmente a pastores y líderes que buscan renovar sus comunidades, a través de principios prácticos y acciones pastorales concretas. También beneficia a estudiantes y educadores de teología al integrar teoría y práctica, y a miembros comprometidos de las iglesias que desean comprender mejor los procesos de renovación. Cada perfil encuentra elementos específicos: los pastores: estrategias de revitalización; los educadores: modelos pedagógicos como el de Jesús; y los líderes infantiles: herramientas para discipular a las nuevas generaciones. El lector adquiere fundamentos bíblico-teológicos, recursos prácticos y una visión esperanzadora del futuro eclesial, centrada en el discipulado. La obra combina diagnóstico y propuesta, y articula teología con aplicación contextual. Es una contribución clave para la renovación de la iglesia en América Latina, guiada por el evangelio y el Espíritu Santo, con el propósito de hacerla relevante en su entorno.

Mis más sinceras felicitaciones al pastor Erick Tuch por su valioso aporte bíblico, teológico, misionológico y ministerial a la iglesia latinoamericana. Su obra hace eco de aquel principio protestante: *Ecclesia reformata, semper reformanda* —que se traduce como: *la iglesia reformada, siempre reformándose*—.

Desde la ciudad de Guatemala, en este 15 de octubre del año de gracia 2025, mes en que conmemoramos la Reforma protestante del siglo XVI.

Pastor Rigoberto M. Gálvez Alvarado, PhD
Teólogo, escritor, guatemalteco, profesor de Teología bíblica y Sistemática.

INTRODUCCIÓN

La iglesia es uno de los signos visibles más importantes del reino de Dios. Es la nueva humanidad que Dios está formando en torno a los valores de su reino. Por eso, la iglesia debe ser relevante dondequiera que esté. En este sentido, debe renovarse y caminar sincronizada con la agenda de Dios, quien actúa de una manera dinámica y creativa. Además, las sociedades van gestando diversos escenarios de misión que exigen de la iglesia innovación constante.

Sin embargo, sucede que la mayoría de iglesias locales viven en diferido porque se quedaron atrapadas en el pasado. Otras viven reaccionando a la realidad histórica, esforzándose por ser progresistas y comprometen el evangelio, rebajándolo a una baratija en el mercado religioso.

Lo ideal es que la iglesia sea modelo de la nueva humanidad según los valores del reino de Dios. Y ya que la iglesia es la comunidad del Espíritu de Dios, debe ser la que marque la tendencia en la cultura, el arte, la educación, la ciencia y otras cuestiones fundamentales de la vida humana.

Sin embargo, con el paso del tiempo, la iglesia ha quedado atrapada en la institucionalidad frívola, dejando de lado la vida impulsada por el Espíritu, por lo cual debe renovarse constantemente. Para eso, necesitamos volver al evangelio para escuchar nuevamente la llamada de Jesús y responder en obediencia a sus enseñanzas y al compromiso con su reino. Es en la relación con Jesús donde brotan nuevas comprensiones de la vida espiritual, nuevos caminos de misión, métodos más creativos para ser iglesia y signos más elocuentes para mostrar la belleza de Dios reflejada en el evangelio.

La iglesia necesita ser revitalizada por el evangelio y el Espíritu de Dios. Debemos volver al evangelio, pues el evangelio de Dios es Jesús, y en torno a su persona y mensaje es que surgen y se desarrollan las iglesias; allí donde se escucha y recibe el evangelio de Dios, nace y crece la iglesia. Es la persona de Jesús, a través de su Palabra y Espíritu, quien revitaliza, inspira, dinamiza y empodera a la iglesia de todos los tiempos.

Es el evangelio la gran fuerza que impulsa y dinamiza a las iglesias, porque fue escrito para engendrar fe en Jesucristo, para instruir y formar discípulos. Pagola lo afirma categóricamente:

> Lo primero que se aprende en los Evangelios no es doctrina, es un estilo de vida de seguimiento, una manera de estar en la vida, una forma de habitar en el mundo, de interpretarlo y de construirlo. Una manera de hacer la vida más humana. Lo característico de este estilo de vivir es que se inspira en Jesús, nace de la relación con él. Se nos contagia su Espíritu. Aprendemos su manera de pensar, sentir, amar, orar, sufrir, crear, confiar y morir. Poco a poco nos convertimos en sus discípulos...[1]

Entonces, para que la iglesia experimente renovación debe volverse a Jesús, quien es el evangelio de Dios. Por eso, en este libro sugiero narrativas de los Evangelios que orientan la práctica de ser iglesia en este tiempo. Este libro no es metodológico, es decir, no propone un proceso práctico para revitalizar la iglesia, pues cada iglesia tiene un ADN particular y requiere un proceso específico. Lo que ofrece, son principios para revitalizar las iglesias y para desarrollar aquellas que están siendo plantadas. Son reflexiones de un pastor que procura hacer relevante la iglesia para este tiempo. No son testimonios o un informe de resultados, sino los fundamentos bíblicos, teológicos y ministeriales que están orientando mi tarea pastoral y la práctica del ministerio.

Estos principios deben generar una eclesiología humilde, valiente y atrevida. Humilde para preguntar, para ser cuestionada, para buscar la dirección de Dios. Valiente para reconocer sus propias falencias, su pecado y dureza de corazón, su falta de compromiso y fidelidad al llamado y la vocación. Atrevida para caminar en los nuevos senderos que el Espíritu de Dios dirija, a las nuevas formas, así como a las metodologías para realizar la misión de Dios.

Las Escrituras claramente indican que Dios anhela una iglesia llena e impulsada por su Espíritu para llevar a cabo la misión en este mundo. Padilla dice que debe ser una iglesia en la cual el Espíritu de Dios

[1] José Pagola, *Volver a Jesús* (Madrid: PPC, 2014), p. 73.

esté en libertad de actuar, para que la Palabra de Dios se haga carne en ella, una iglesia que avanza en el proceso de transformación (la suya propia y la de la comunidad a la cual sirve). Una iglesia donde priman: a) el compromiso con Jesucristo como Señor de todo y de todos; b) el discipulado cristiano como un estilo de vida misionero; c) la visión de la iglesia como la comunidad que confiesa a Jesucristo como Señor y vive a la luz de esa confesión, de tal modo que en ella se vislumbra la iniciación de una nueva humanidad; d) los dones y ministerios como los medios que el Espíritu de Dios utiliza para capacitar a sus miembros para el cumplimiento de su vocación como colaboradores de Dios en el mundo.[2]

Precisamente en torno a estos temas es que invito a reflexionar. Las narrativas evangélicas seleccionadas procuran evaluar la práctica misional y a la vez intentan orientar la misión de la iglesia. Muchas cosas que la iglesia hace son anticuadas, otras contradicen el evangelio mismo que predicamos; por lo tanto, debemos evaluar lo que hacemos a la luz del evangelio de Jesucristo. Esto es precisamente lo que ofreceremos a continuación.

[2] René Padilla, "Una eclesiología para la misión integral". En *La iglesia local como agente de transformación*, René Padilla y Tetsunao Yamamori (Eds.). (Buenos Aires: Ediciones Kairos, 2003), p. 14.

1

Oísteis que fue dicho, pero yo os digo

Necesidad de nuevos paradigmas en la iglesia

> Hay momentos en la vida en que, para subir es preciso descender y entrar en crisis. Y para seguir siendo el mismo hay que saber cambiar.
>
> *Leonardo Boff*

> Una iglesia que planta sus tiendas sin la búsqueda constante de nuevos horizontes, sin la apertura continua de nuevos caminos, no está siendo fiel a su llamamiento... [Debemos] rebajar nuestro anhelo de certeza, aceptar lo arriesgado, y vivir improvisando y experimentando.
>
> *Hans Küng*

La vida es una realidad acompañada de crisis que nos empuja a cambiar, ya sea a nivel personal, social, religioso o institucional. Dichos cambios son necesarios pues corresponden a la naturaleza de la vida, que indiscutiblemente es un proceso creativo y dinámico.

Aunque la crisis es parte de la vida, hay quienes la reniegan «porque ven en ella un elemento capaz de corroer los fundamentos de la esperanza humana. Para otros, es la ruptura necesaria para la apertura liberadora de un horizonte más amplio, más lleno de vida y de vivencia de sentido».[3] Esto quiere decir que la crisis puede ser negativa o positiva, puede empujarnos a la innovación y al crecimiento o paralizarnos.

---

[3] Leonardo Boff, *La crisis como oportunidad de crecimiento* (Cantabria: Editorial Sal Terrae: 2004), p. 17.

Desde la fe, la crisis debe considerarse como una experiencia de purificación, de crecimiento y de transformación.

Cada etapa de la vida tiene crisis que impulsan cambios y reajustes para que pueda continuar. Antropológicamente, la crisis es muy rica porque es oportunidad para el crecimiento, aunque a veces implique discontinuidad y una perturbación dentro de la normalidad de la vida.

De la palabra *crisis* viene el término *criterio*, que es la medida por la que puede juzgarse y distinguirse lo auténtico de lo inauténtico, lo bueno de lo malo. En griego, el concepto de crisis se refiere a la decisión que toma un juez cuando ha sopesado los pros y contras de algún caso.[4] Por eso, la crisis exige (para ser superada) una decisión, la cual marca el nuevo rumbo. Entonces, la crisis también está llena de vitalidad creadora, porque empuja a las personas a cuestionar la realidad que viven y demanda decisión ante el futuro. Mediante una decisión, la crisis se convierte en una puerta de crecimiento que abre un horizonte de posibilidades ante una situación existencial.

Muchas personas e instituciones, después de una crisis (económica, física, moral o religiosa), se renovaron porque la crisis los empujó a evaluar y redefinir sus enfoques y así reinventarse para continuar con mayor ímpetu. La crisis permite renovación y crecimiento. Lógicamente implica discontinuidad (de un pecado), reordenamiento (de valores) y adaptación (a nuevas realidades). Por eso, la crisis en vez de ser enemiga debe ser una aliada para mejorar.

La crisis también es parte de la fe, de la vida cristiana y de la iglesia como institución. De hecho, el seguimiento a Jesús comienza con una gran crisis: la conversión, que implica un cambio radical de pensamientos, actitudes, conductas y proyecciones de vida.[5] La conversión, pues, se refiere a la experiencia transformadora de abandonar el pecado para vivir conforme a la voluntad de Dios.

La conversión implica fe: una fe que piensa, cuestiona, busca la verdad, que contempla la revelación de Dios y reacciona mediante diversas expresiones, tales como el culto, las articulaciones doctrinales y otros elementos que materializan o representan la fe.

---

[4] Boff, *La crisis*, pp. 24-25.

[5] Los Evangelios utilizan la expresión *seguir a Jesús* para describir el discipulado cristiano. Seguir a Jesús significa convertirse en su discípulo.

Es ahí donde hace su aparición la teología con su tarea crítica de juzgar a la luz de las Escrituras todo lo que creemos y hacemos.[6] Y en este análisis se intenta juzgar la condición de la iglesia y su efectividad en el cumplimiento de la misión de Dios en el mundo para luego presentar propuestas que permitan caminar en los nuevos senderos que Dios está abriendo.

La iglesia, dado que es un organismo vivo, siempre debe estar en renovación, pero la tendencia ha sido convertir ese organismo dinámico en una organización; consecuentemente ha perdido su dinamismo y es ahí donde la teología debe cumplir una función profética para sacarla del letargo, conducirla hacia su vocación peregrina y misional en este mundo.

1.1. Aprovechar la crisis para cumplir la vocación cristiana[7]

Los nuevos signos de los tiempos generan crisis para la iglesia: en su teología, su liturgia, sus enfoques misionales y su hermenéutica. Esta crisis debe ser un impulso para la iglesia a gestar nuevas articulaciones teológicas que den cuenta de la fe que profesa y la búsqueda de nuevos senderos de obediencia y compromiso con la misión de Dios, que necesariamente implican cambios.

Los nuevos escenarios requieren nuevas formas de cumplir nuestra vocación cristiana; por eso Jesús dijo: «Oísteis que fue dicho, pero yo os digo...», indicando así que una nueva realidad se configuraba ante ellos y por lo tanto se requerían nuevos entendimientos para las nuevas actuaciones de Dios.[8]

---

[6] La teología es el esfuerzo para comprender y explicar a Dios. Por eso le son propias las tareas de juzgar, criticar, sistematizar, entre otras. En este análisis, la teología juzga el entendimiento y la práctica de la fe de la iglesia a la luz de la revelación de Dios y su misión en el mundo.

[7] Entiéndase *vocación cristiana* como el llamado a seguir a Jesús con todas sus implicancias en la vida devocional, misional, privada o comunitaria.

[8] La pandemia de COVID-19 que azotó el mundo en el año 2020 es una muestra clara de que los escenarios condicionan la forma de hacer misión. Las iglesias han dejado de usar los templos para los cultos, y ahora están usando las redes sociales como Facebook, WhatsApp y plataformas como Zoom, GoogleMeet, entre otras para discipular, pastorear, liderar y evangelizar.

Jesús planteó la necesidad de cambio y renovación cuando dijo que no se puede colocar vino nuevo en odres viejos (Mateo 9:14-17; Marcos 2:21-22; Lucas 5:33-39). En esta analogía, el vino señala la parte esencial, lo profundo de la vida (personal y comunitaria), y el odre se refiere al recipiente, a lo externo, a la institución que sirve para operativizar y movilizar a la iglesia hacia el cumplimiento de su misión en el mundo.

Jesús nos desafía a renovarnos constantemente porque solo así somos efectivos en la misión encomendada. La renovación no es para estar a la moda o competir en el mercado religioso, sino porque la iglesia necesita caminar al ritmo de la actuación de Dios en el mundo.

Según la analogía de Jesús, no se puede poner vino nuevo en odre viejo porque los gases que segrega el vino nuevo rompen el odre viejo. ¡Se necesita renovación continua! Entonces, ¿qué es lo que debemos desechar? ¿El vino nuevo o el odre viejo? La tendencia es a polarizar; hay quienes desechan lo nuevo porque representa un desafío a desprenderse de aquello que les ha dado identidad por mucho tiempo; también están aquellos que sacrifican lo pasado en el altar de lo novedoso. ¿Es todo lo nuevo bueno? ¿Es todo lo viejo inadecuado y por tanto debe ser desechado? ¿Acaso deberíamos desechar toda nuestra herencia histórica y teológica que nos ha sostenido y nos ha dado identidad hasta hoy para ponernos en sintonía con la época actual? En tal caso, ¿qué haríamos ante tantos cambios?

La historia dice que algunas veces se ha cambiado el odre, pero no el vino; en otros casos se ha cambiado el vino y se ha roto el odre. Otros buscan mezclar el vino viejo con el vino nuevo y, como es sabido, esto resulta en un desastre. Entonces, ¿cuáles son los criterios que deberían orientarnos para hacer los cambios necesarios y oportunos en aras de obedecer al llamado de Dios de continuar su misión en el mundo?

1.2. Nuevos escenarios de misión

La premisa inicial es que el contexto incide significativamente en la vocación cristiana. Harold Segura dice que «misión y contexto son dos realidades inseparables. La primera no pude definirse sin una clara concepción del segundo. Cuando se desconoce el contexto, la misión pierde su sustancia y se convierte en acción irrelevante».[9] Por eso, se deben

[9] Harold Segura, *Ser iglesia en la era del vacío* (Texas: Editorial Mundo Hispano, 2011), p. 51.

tomar muy en serio los cambios culturales, políticos, religiosos y demás expresiones de la vida humana para realizar la misión; pretender realizarla sin tomar en cuenta estas realidades conduce a la frustración.

Carvalho advierte que la negación de la realidad tal vez ha sido el aspecto que más perjuicios ha traído a la iglesia de este tiempo. Al omitir la lectura de la realidad, no hubo ninguna preocupación en conocer los desafíos de los nuevos tiempos. Consecuentemente, la iglesia no se preparó para enfrentar los cambios.[10]

La iglesia del siglo I mostró cómo se debe, en cada época, enfrentar los nuevos escenarios de misión. La conversión de los gentiles al cristianismo obligó a la iglesia a renovar su teología y su forma de hacer misión. Veamos el proceso de renovación, que se cristalizó en el Concilio de Jerusalén.

El cristianismo nació en la cuna del judaísmo. Con el despliegue de los cristianos —algunos a causa de la persecución y otros obedientes al envío de Jesús—, muchos gentiles se integraron a la iglesia. Los cristianos de trasfondo judío pensaban que los gentiles debían judaizarse antes de ser cristianos.

Pero la agenda de Dios era integrar todas las razas de la tierra a su nuevo pueblo. Eso obligó a la naciente iglesia a modificar su agenda misional y su propio rostro: de la exclusividad étnica a un mosaico de nacionalidades. Esta nueva realidad generó crisis en la iglesia, constituida en su mayoría por judíos, por lo que fue necesaria la intervención de Dios.

La nueva realidad que la iglesia vivía la impulsó al cambio. Esto significa que el contexto incide en la realización de la misión de Dios. En nuestro caso, en un sentido macro, son la posmodernidad[11] y la pospandemia de COVID-19. En un sentido micro, existen particularidades del contexto de cada iglesia local.

---

[10] César Carvalho, *Pentecostalismo y posmodernidad* (Miami: Editorial Patmos, 2018), p. 286.

[11] Para un diálogo más minucioso sobre la posmodernidad, ver Sik Hong, I. et al., *Ética y religiosidad en tiempos posmodernos* (Buenos Aires: Editorial Kairós, 2001); Antonio Cruz, *Postmodernidad, el evangelio ante el desafío del bienestar* (Viladecavalls: Editorial CLIE, 1996); Theo Donner, *Posmodernidad y fe: Una cosmovisión cristiana para un mundo fragmentado* (Viladecavalls: Editorial CLIE, 2012); César Carvalho, *Pentecostalismo y posmodernidad: Cuando la experiencia se superpone a la teología* (Miami: Editorial Patmos, 2018); Harold Segura, *La iglesia en la era del vacío* (Texas: Editorial Mundo Hispano, 2018).

1.2.1. Posmodernidad

González define la posmodernidad como «una nueva era histórica que parece ir despuntando como resultado de la desilusión con las promesas de la modernidad y la disolución de sus mitos constitutivos: la objetividad en el conocimiento, la universalidad de valores y entendimientos, el progreso inevitable hacia mejores condiciones y la creciente unidad de la raza humana».[12] Es decir, la posmodernidad puede ser considerada como una reacción a la modernidad, especialmente en la transición de la objetividad a la subjetividad con todo lo que eso implica.

Para Antonio Cruz, la cultura posmoderna se caracteriza por dar muerte a los ideales, el auge de los sentimientos, la crisis en la ética, el crecimiento del narcisismo, el gusto por lo transexual y la pérdida de la fe en la historia.[13]

La era posmoderna ha significado una crisis en la sociedad y la iglesia porque está removiendo, sin que nadie pueda detenerla, los fundamentos que han definido por siglos nuestra identidad en todas las esferas de la vida. Hay una nueva realidad que se ha instalado, que ha configurado la cosmovisión de las personas y que consecuentemente ha generado nuevas formas de vida que deben ser comprendidas; a partir de allí se deben generar nuevos modelos misionales y eclesiales, de tal modo que tanto el evangelio como la iglesia sean relevantes.

Son muchos los desafíos de la cultura posmoderna hacia la iglesia. Por ejemplo, la posmodernidad no considera la verdad como universal, objetiva y absoluta, sino como algo que puede ser construido a partir de las diversas opiniones. Por eso, muchos no aceptan la verdad de las Escrituras, pues la cultura posmoderna «rechaza las doctrinas, tradiciones, credos y confesiones porque limitan la autoexpresión y representan la autoridad opresiva».[14] Además, «el hombre posmoderno es hedonista, amante del placer y de toda gratificación sin esfuerzo alguno y sin importar que esa conducta afecte a los demás o viole los principios establecidos por Dios».[15]

---

[12] Justo González, *Retos y oportunidades para la iglesia hoy* (Texas: Editorial Mundo Hispano, 2011), p. 35.

[13] Antonio Cruz, *Posmodernidad: El evangelio ante el desafío del bienestar* (Viladecavalls: Editorial CLIE, 2003), pp. 47-94.

[14] Albert Mohler, *Proclame la verdad: Predique en un mundo posmoderno* (Michigan: Editorial Portavoz, 2010), p. 123.

[15] Mohler, *Proclame la verdad*, p. 123.

También existe un pluralismo religioso que ha gestado una espiritualidad sincretista que ofrece experiencias sin importar que sean coherentes con la espiritualidad bíblica. Angelit de Meza dice al respecto:

> El pluralismo religioso entendido como la tendencia a aceptar toda opción religiosa como válida siempre que lo sea para la comunidad o persona que la asume como suya. El pluralismo enarbola como criterio no la verdad absoluta, sino la verdad relativa y aun llega a desestimar la verdad a nivel de fundamentos con tal que la experiencia religiosa sea auténtica y real para el adepto. Y el hermano gemelo de este pluralismo es el relativismo ético que asume como criterio el bienestar, la comodidad o aun el placer de quienes lo experimentan. Cuesta precisar la frontera entre el límite de pluralismo, relativismo y tolerancia.[16]

Esto explica por qué se ha vuelto complejo distinguir entre el cinismo y la misericordia —razón por la que algunos no establecen criterios ante la homosexualidad, el divorcio, la manipulación genética y muchos otros asuntos éticos y morales—. Tampoco tienen el discernimiento para percibir la intromisión de la nueva era en la vida y la liturgia cristianas. Esto mismo ha sido la cuna para el fervor religioso que se codea con los nuevos escepticismos y las formas más sofisticadas de secularismo de nuestras sociedades contemporáneas. Peor aún, se justifican la flacidez y la falta de compromiso con Jesucristo con terminología que afirma ser contextual, pero que en realidad es sincretismo religioso y laxitud moral.

Al mismo tiempo, la posmodernidad nos da la oportunidad de reinventarnos, de repensar la fe y de articularla creativamente en categorías asequibles para nuestra generación. Desafortunadamente la iglesia ha perdido la capacidad de renovarse. Pareciera ser que se ha menospreciado la novedad y creatividad que da el Espíritu de Dios y entonces ha quedado vacía, sin mucho que ofrecer al mundo.

Sin embargo, es posible que la iglesia sea relevante en medio de la posmodernidad. González afirma que «el fin de la modernidad nos permite volver a los elementos esenciales de la fe y la vida cristiana que la

---

[16] Angelit de Meza, "¿Vino nuevo en odres viejos?". En *La fuerza del Espíritu en la evangelización: Hechos de los apóstoles en América Latina*, René Padilla (Ed.) (Buenos Aires: Ediciones Kairós, 2006), pp. 61-66.

modernidad nos había tentado a abandonar. El mundo cerrado y mecanicista de la modernidad no dejaba lugar para lo inesperado, para lo milagroso, para la intervención divina».[17] El desafío no está entonces en los cambios vertiginosos que se dan en el mundo, sino en cómo la iglesia y los cristianos siguen a Jesucristo cumpliendo su misión en este nuevo escenario, siendo fieles al evangelio y relevantes culturalmente.

1.2.2. Pospandemia de COVID-19

Todavía no se puede describir el impacto que la pandemia ha causado en la economía y en la vida social y psicológica. Muchas empresas quebraron mientras que otras crecieron; muchas personas han quedado huérfanas, otras enviudaron, otras se divorciaron; muchos perdieron el empleo o perdieron amigos, familiares y compañeros de trabajo.

Existen informes que indican que la violencia doméstica se multiplicó, especialmente en los meses que duró la cuarentena.

Esta realidad también ha afectado significativamente a la iglesia, pues muchas de ellas perdieron miembros, ya sea porque murieron a causa del virus o se cambiaron de iglesia; otros dejaron de ir porque se acomodaron a ver las transmisiones de cultos en línea. Algunas iglesias perdieron a su pastor.

Además, a causa del distanciamiento, se ha instalado cada vez más la realidad virtual. Esto indica un nuevo escenario para la misión. Muchas iglesias comenzaron a transmitir cultos en las diferentes plataformas, lo cual representa un desafío porque hay que hacer cultos relevantes, no solo para los miembros, quienes ahora tienen una gran oferta, sino también para los no cristianos. Además, no basta con transmitir cultos: se requiere de cuidado intencional. Algunas iglesias grandes perdieron miembros porque no los atendieron en momentos de necesidad.

Esta nueva realidad presenta nuevos desafíos para la tarea pastoral, lo que requiere que las iglesias se reenfoquen en su agenda; tendrán que dedicar más tiempo al discipulado, a integrar nuevos ministerios, a planear los cultos para que sean una experiencia transformadora y a quitar aquellas actividades que drenan las energías. La iglesia nunca más será la misma, y ¡gloria a Dios por eso! Significa que tiene la oportunidad de renovarse.

Definitivamente la pandemia de COVID-19 ha instalado una nueva realidad que desafía grandemente a la sociedad y la iglesia. Hasta el día de hoy, existen muchas cuestiones por resolver. Todavía no se puede

---

[17] Justo González, *Retos y oportunidades*, p. 35.

hacer un análisis concluyente del impacto de esta pandemia, pero está claro que ha iniciado una nueva época que exige innovación.

1.3. Necesidad de transformación interna

Ningún cambio externo será muy significativo si no es el resultado de convicciones que se han forjado en la crisis; un cambio verdadero es el que resulta de la confrontación y la decisión. Además, los cambios deben comenzar desde adentro hacia fuera, de la esencia a la forma.

La iglesia del primer siglo llegó a un punto donde no podía seguir sin considerar la integración de los gentiles a su seno, y Dios utilizó a un líder de influencia para generar los cambios; no obstante, este líder cedió al cambio interno. Fue un cambio de convicciones lo que le permitió ver y caminar hacia los nuevos horizontes a los que Dios estaba dirigiendo su iglesia. Ese líder fue Pedro.

En Hechos 10 se registra que Pedro tuvo una visión: un lienzo desciende del cielo con animales y el apóstol recibe una orden: «Pedro: levántate, mata y come» (v. 13). La respuesta de este líder heredero de una histórica tradición fue la siguiente: «No, Señor, porque nunca he comido nada que sea común o impuro» (v. 14). Esta escena se repite tres veces y mientras Pedro analiza el posible significado de la visión, el Espíritu le da una orden: «Tres hombres te buscan. Así que baja a verlos, y no dudes en ir con ellos, porque yo los he enviado» (vv. 19,20).

Pedro tiene esta visión en su aposento; es allí donde recibe la instrucción del Espíritu Santo para ir y donde también decide obedecer, porque sale a recibir a los hombres que lo buscan. Esta es la primera etapa en el proceso de renovación: el encuentro con la voluntad de Dios en el "aposento"; es en la intimidad donde Pedro decide obedecer a la orden del Espíritu Santo, arriesgando su reputación y el movimiento que representaba.[18]

Pero este cambio tendrá su resistencia. Pedro responde rotundamente a la orden divina: «No, Señor, porque nunca he comido nada que sea común o impuro» (Hechos 10:14 RVC). Hay que darle la razón a Pedro porque un fundamento, una doctrina o una tradición teológica que ha dado identidad por años no se vende al mejor postor. Es más, cuando

[18] Como es sabido, un judío no podía estar con gentiles porque quedaba ceremonialmente impuro. ¿Qué dirían los hermanos al saber que uno de sus líderes estaba relacionándose con un gentil? ¿Lo acusarían de ecuménico? Pedro corrió el riesgo de ser cuestionado y marginado por sus compatriotas porque el Espíritu Santo estaba renovándolo.

decide ir a casa de Cornelio, exclama contra toda cortesía de un visitante: «Como ustedes saben, para un judío es muy repugnante juntarse o acercarse a un extranjero, pero Dios me ha hecho ver que no puedo llamar a nadie gente común o impura» (Hechos 10:28 RVC). ¿Es abominable juntarse con un extranjero, Pedro? ¿Por qué decidiste ir? ¿Acaso has sufrido un cambio de paradigma? ¿Acaso has abandonado tu exclusivismo y ahora crees que no debes llamar a nadie «común o inmundo»? ¡Eso es un cambio de vino! Pedro será testigo del nuevo mover de Dios donde los gentiles son receptores del don del Espíritu de Dios.

Cuando Pedro se encuentra en casa de Cornelio y mientras está hablando, el Espíritu Santo lo interrumpe (en realidad es Pedro quien está interrumpiendo la agenda de Dios) y se derrama sobre los gentiles y les da el don de hablar en otras lenguas. A lo que Pedro reacciona: «¿Hay algún impedimento para que no sean bautizadas en agua estas personas, que también han recibido el Espíritu Santo, como nosotros?» (Hechos 10:47 RVC). ¿Acaso está Pedro abogando por la inclusión de los gentiles? Así es, y es más: los defenderá ante el Concilio en Jerusalén diciendo: «Pues si Dios les concedió a ellos el mismo don que a nosotros, que hemos creído en el Señor Jesucristo, ¿quién soy yo para oponerme a Dios?» (Hechos 11:17 RVC).

Para no estorbar la obra del Espíritu de Dios es necesario el cambio de paradigmas. Sin embargo, tristemente muchos líderes han estropeado el avance del reino de Dios aferrándose a los "odres viejos" y resistiéndose al mover dinámico de Dios que desafía constantemente los paradigmas mentales y religiosos de los cristianos.

Se requiere, pues, un cambio interno antes que un cambio externo, pues sería un error cambiar estructuras sin que las personas hayan cambiado.

Este principio también debe aplicarse a los procesos de transición que se llevan a cabo en las iglesias locales. Es decir, antes de establecer un nuevo paradigma misional o ministerial, los pastores, líderes y demás miembros deberán experimentar una renovación interna, para que el proceso no se entorpezca por la indiferencia, resistencia y negatividad de quienes se aferran al pasado, creyendo que es mejor.

1.4. Necesidad de una nueva hermenéutica

Pedro ha experimentado transformaciones muy significativas, entre ellas un cambio de interpretación. Primero, está afirmando que Dios no hace acepción de personas. Aquel Pedro que había dicho que era abominable estar entre gentiles, ahora está convencido de que Dios no hace acepción de personas y de que no debe llamar inmundo a los demás. Esta es una nueva hermenéutica, una nueva manera de comprender la realidad y la acción de Dios —el binomio que imperativamente tenemos como marco contextual para realizar la misión de Dios—. Es decir, debemos comprender el momento histórico que vivimos, qué es lo que está haciendo Dios y hacia dónde está movilizando a su iglesia. Por eso, los líderes deben tener "inteligencia espiritual" para intuir o discernir la voluntad del Señor y movilizar a la iglesia hacia el cumplimiento de la misión de Dios.

La iglesia como institución se ha configurado después de Pentecostés; eso quiere decir que la iglesia es el resultado de la acción del Espíritu de Dios en este mundo para continuar la misión que inició Jesús. El Espíritu Santo ha venido para empoderar a la iglesia de tal modo que sea efectiva en su misión. Por eso, la iglesia en todo tiempo y en cualquier lugar debe ser dirigida por el Espíritu de Dios.

Cuando Pedro ve el obrar de Dios entre los gentiles, no puede impedir el bautismo en agua de quienes ya Dios aceptó. El Señor ha llevado a Pedro a un cambio interno y consecuentemente a una reinterpretación de su fe, de sus postulados teológicos que naturalmente condicionaban su agenda misional: lo empujó a nuevos horizontes, a nuevos estratos sociales con sus desafíos y con los riesgos que eso representó, como veremos más adelante.[19]

En esta "nueva hermenéutica" inciden claramente tres elementos: la obediencia a la Palabra de Dios, la apertura a la acción del Espíritu Santo y el testimonio de la comunidad. Estos elementos tienen implicancias prácticas desafiantes: a) se requiere una escucha humilde de la Palabra de Dios para ser interpelados, confrontados, y para así discernir las nuevas comprensiones que el Espíritu Santo quiere darnos; b) la apertura y el discernimiento espiritual para lo nuevo de Dios, en vez de aferrarnos

[19] Note que se habla de una reinterpretación, no un aborrecimiento absoluto de los postulados teológicos. En medio de la posmodernidad, nos seduce el relativismo que cuestiona los grandes metarrelatos y los absolutos. Existe una tendencia a querer cambiar todas las cosas, pero esto es un error, porque son formas en que se ha entendido y transmitido la fe. Sin embargo, es necesario reinterpretar, es decir, darle nuevos significados contextualizados, nuevas expresiones que sean más coherentes con las Escrituras y el momento histórico en que se vive. No se aboga entonces por cambios caprichosos, sino por aquellos cambios necesarios y responsables que responden a la dinámica de la agenda de Dios más que a gustos personales o institucionales.

a las tradiciones. Cuando no hay apertura, sospechamos de todo aquello que no se sujeta a nuestro sistema, a todo aquello que la denominación no acepta; c) además, la hermenéutica debe ser comunitaria: una hermenéutica que escuche a todos y que tenga el valor de dialogar.

La interpretación correcta y oportuna de la Palabra de Dios es importantísima en momentos coyunturales porque ilumina la toma de decisiones y orienta los cambios necesarios. Además, se requiere un diálogo honesto y con intereses en el reino de Dios sobre los intereses personales o denominacionales. ¡Comprendemos mejor a Dios en el diálogo!

En otras palabras, nuestra hermenéutica debe incluir tres elementos esenciales: a) reconocimiento de la autoridad de las Escrituras por cuanto son inspiradas por Dios; b) la asistencia del Espíritu Santo, pues el mismo Espíritu que inspiró las Escrituras es quien ayuda a interpretarlas; y c) la interpretación comunitaria. Álvarez dice que el concilio apeló a la centralidad de las Escrituras, la dirección del Espíritu Santo en la experiencia de fe, el testimonio de la tradición y la historia del pueblo de Dios, y el uso de la razón consensuada de la comunidad de creyentes.[20] En este sentido, también hay espacio para la experiencia, pues los paradigmas con los que la comunidad lee y aplica las Escrituras están condicionados por las experiencias que han tenido con el texto bíblico y la Palabra encarnada, Jesucristo.[21]

1.5. Importancia de un liderazgo maduro y sano

La renovación que experimentó Pedro incidió en la agenda misional de la joven iglesia, pues los gentiles se convirtieron en objetos y sujetos de la misión.

---

[20] Miguel Álvarez, *Hermenéutica: Palabra, Espíritu y comunidad* (Tennessee: CPT Press, 2021), p. 121. Graig Keener, *Hermenéutica del Espíritu. Leyendo las Escrituras a las luz de Pentecotés* (Oregón, Estados Unidos: Editorial Kerigma, 2017). Bernardo Campos, *Hermenéutica del Espíritu: Cómo interpretar los sucesos del Espíritu a la luz de la Palabra de Dios* (Oregón, Estados Unidos: Editorial Kerigma, 2016). Pablo Darío Cantoral y Abiud Fonseca (Eds.) *Cuando la Palabra se hace fuego. Reflexiones sobre exégesis y hermenéutica pentecostal* (Quito, Ecuador: Editorial SEMISUD, 2021).

[21] Para una mejor comprensión sobre una hermenéutica contextual y pentecostal, ver Miguel Álvarez, *Pasión por la Palabra* (Tennessee: Centro de Estudios Latinos Publicaciones, 2017).

La experiencia, entonces, precede a la institucionalización. Esto es interesante porque coloca la experiencia como fuente auténtica para hacer teología. Pero hay que reconocer que la experiencia debe estar en sintonía con la voluntad de Dios expresada en las Escrituras. Hay una relación dialéctica entre la Escritura y la experiencia, en el sentido de que la Palabra guía y juzga la experiencia; pero la experiencia individual y colectiva "comprueba y da testimonio" de la veracidad de la Escritura. Y la experiencia de Dios y sus acciones misionales autenticadas en las Escrituras deben repercutir en las decisiones administrativas e institucionales. En este sentido, la acción del Espíritu de Dios debe ser el motor que impulse las líneas de acción administrativa de la iglesia y no simplemente el hecho de sostener una estructura eclesiástica. Los líderes administrativos son servidores de la misión, no guardianes de un sistema.

Para la renovación de la iglesia y las instituciones será necesaria la intervención de líderes porque son ellos los que toman las decisiones y crean políticas para que la comunidad o institución avance. Son ellos los encargados de dirigirla. En la experiencia de Pedro, fueron necesarios el diálogo y la decisión colegiada; por eso se realizó el Concilio en Jerusalén, donde la iglesia valientemente resolvió el conflicto y lo aprovechó para el avance de la misión de Dios.

El Concilio de Jerusalén reunió a los dirigentes de las iglesias locales con el propósito de resolver los asuntos de la misión y no precisamente para defender y perpetuar una estructura religiosa. El interés de los líderes estaba en la misión, no en conservar la institución. Esto fue determinante para el futuro del movimiento que el Espíritu había gestado en Pentecostés. Los líderes se reunieron para buscar respuestas a los desafíos que tenían como agentes de la misión de Dios y no para conservar el poder.

En el concilio sucedieron cosas importantes que deberíamos imitar: a) la escucha respetuosa de los argumentos de cada participante; b) el respeto a las autoridades; c) la necesidad de un líder integrador, cauteloso, que sepa escuchar, que dirija y guíe en la toma de decisiones para el bienestar del movimiento misional —en aquel caso fue Santiago, quien no sucumbió ante la posible presión de defender los intereses de los judíos, a quienes pastoreaba en Jerusalén, sino que, a la luz de la evidencia del mover de Dios y el testimonio de las comunidades representadas, interpretó los intereses del Espíritu Santo, ejecutivo de la misión de Dios, y asumió su responsabilidad decidiendo a favor del movimiento—. Llama la atención que Santiago dejó de lado sus propios intereses y asumió la función de facilitador de la misión. Con su ejemplo, nos recuerda que los líderes cristianos son, en primera instancia, facilitadores de la misión.

El liderazgo de Santiago es un ejemplo para hoy y exige articular nuevos modelos de liderazgo que sean más horizontales. Líderes que se hagan escuchar con autoridad sin ser autoritarios, que no sean títeres de un sistema o de una élite, sino servidores de la misión de Dios.

1.6. Transformación de estructuras: El cambio del odre

La transformación individual es importante para gestar cambios, pero estos cambios no tendrán impacto de alta duración a menos que se institucionalicen.[22] La idea de institucionalizar los cambios obedece al interés de que la estructura eclesiástica se convierta en una facilitadora de la misión.

Las experiencias personales deben extenderse a las institucionales, tal como sucedió con Pedro: su experiencia de conversión llegó hasta el Concilio de Jerusalén y fue determinante para que se tomaran decisiones institucionales que regirían toda la estructura y el movimiento llamado cristianismo y, más concretamente, la misión de Dios.

La "renovación institucional" que sucedió en el Concilio de Jerusalén cristalizó los cambios que estaban experimentando las comunidades; por consiguiente, tiene implicancias teológicas, eclesiológicas y misionológicas. Hay que reconocer que el concilio solo oficializó lo que ya se estaba viviendo: la integración de los gentiles en el seno de la iglesia sin ser judaizados. Los gentiles no vinieron a ser parte de la iglesia por decisión del concilio, sino que ya eran parte de la iglesia y el concilio solo los reconoció oficialmente.[23]

---

[22] Un claro ejemplo fue la Reforma protestante, de la que surgieron muchas instituciones como resultado de las transformaciones que se experimentaron en los diferentes escenarios de la vida. Pero hay que advertir que dicha institucionalización debe ser dinámica, tal como la acción del Espíritu; de lo contrario, esa misma estructura entorpece la misión de Dios.

[23] Esta actitud del concilio nos recuerda que los líderes son facilitadores de la misión, no dueños, como piensan algunos administradores. Es triste ver el abuso de autoridad que hay en la iglesia, los compadrazgos que suceden en ciertas instancias en las que familias dirigen una institución. Para un diálogo más fructífero sobre el liderazgo en función de la misión, ver Kirk Franklin, *Hacia un liderazgo misional y global: Explorando un cambio de paradigmas en la misión de Dios* (Oxford: Regnum, 2017);

Es importante reconocer que los cambios generalmente se gestan en las comunidades de base, pero deben subir hasta institucionalizarse para que trasciendan y logren el efecto deseado. Esta dinámica requiere madurez por parte de los líderes porque se necesitan espacios abiertos de diálogo donde se escuche las experiencias, espacios para la interpretación comunitaria de la acción del Espíritu Santo y la percepción de los nuevos senderos a los que este nos invita . Así, los cambios no son antojadizos, sino el resultado de agilizar la movilización de la iglesia y sus recursos hacia el cumplimiento de la misión de Dios en este mundo. Son cambios impulsados por el Espíritu de Dios para cumplir la misión de Dios.

Es la misión la que impulsa y gesta nuevos modelos de liderazgo, de estructuras organizacionales y paradigmas ministeriales.

1.7. El riesgo del cambio

Cuando se sacude una tradición, se genera una sensación de incertidumbre, pues la tradición muchas veces se mantiene porque da seguridad. A veces parece que es más fuerte la tradición que la razón.

Los líderes de la iglesia "primitiva" corrieron el riesgo de explorar un campo no conocido con la convicción de que el Espíritu Santo los dirigía: dejaron entrar en su seno a los gentiles, quienes por siglos habían sido considerados inmundos y consecuentemente excluidos. Claro, más adelante tuvieron que lidiar con herejías que provocaron porque los gentiles trajeron su bagaje religioso al cristianismo.

Hay que reconocer la valentía, el atrevimiento, la sabiduría, la responsabilidad y el compromiso con el que asumieron la misión los líderes en aquel momento histórico.

1.8. El desafío pastoral del cambio

En esta narrativa analizada, Dios muestra una vez más que no tiene límites para obrar y para ser parte de su obra en el mundo. Se necesita renovación constante. Aunque Dios nunca cambia, la manera en que obra sí cambia constantemente, pues es un Dios dinámico y muy

---

Darío López, *La política del Espíritu: Espiritualidad, ética y política* (Lima: Ediciones Puma, 2019).

creativo. Además, hay que reconocer que el mundo está en movimiento y el desarrollo humano genera nuevas realidades.

Muchos cristianos han perdido la oportunidad de disfrutar la gracia abundante del Señor por sus patrones religiosos con los que intentan domesticar a un Dios soberano. Esa religiosidad les veda la oportunidad de caminar en los propósitos de Dios.

Pedro y Cornelio son una muestra de esta dinámica entre religiosidad y apertura al dinamismo del Espíritu de Dios. Cornelio representa a una generación de gente que busca al Señor con pasión y entrega. Este hombre era piadoso, temeroso de Dios con toda su casa, hacía buenas obras entregando limosnas al pueblo y oraba constantemente. Además, tenía disposición para lo sobrenatural: tuvo una visión donde un ángel le dijo que sus oraciones y buenas obras habían subido a Dios. Cornelio era un gentil, pero tenía apertura a Dios; por eso, al recibir la visita y las instrucciones del ángel no dudó, sino que obedeció gozoso. Él era un gentil excluido por la religión judía, pero Dios lo incluyó en sus propósitos.

Del otro lado está Pedro quien representa a una generación que quiere obedecer a Dios, pero a su manera: se resisten al cambio y por consiguiente les cuesta caminar al ritmo con el que Dios está moviéndose en su mundo. Pedro también tuvo un éxtasis donde vio los cielos abiertos y escuchó la voz divina que le dijo: «Levántate, mata y come», y su respuesta fue: «No, Señor, porque ninguna cosa común o inmunda he comido jamás». Pedro se aferró a su experiencia vital. Él había sido judío por muchos años y quería seguir guardando esos ritos. Afortunadamente, la historia no termina allí: Pedro cedió al cambio que Dios estaba realizando, modificó sus paradigmas teológicos y accedió a la provocación divina, lo que nos deja una gran lección para los discípulos del siglo XXI.

La iglesia enfrenta el mismo reto de cambiar paradigmas. La agenda misional de la iglesia debe ser dirigida por el Espíritu Santo y no por los intereses de personalidades que buscan imagen y promoción, como sucede con algunos líderes que gastan el dinero de la iglesia en eventos que imponen a las iglesias locales, a los que invitan a personalidades ante las cuales promocionarse buscando puestos administrativos. Son amantes del poder y el dinero y no agentes movilizadores de la misión.

Pedro nos deja un ejemplo contundente: estuvo dispuesto al cambio con todo lo que implicaba. Esto nos lleva a preguntarnos: ¿qué desafíos percibimos en nuestra caminata vocacional? ¿Tendremos el mismo coraje de Pedro de arriesgar la reputación y abogar por los cambios que son necesarios para que la misión de Dios se realice? Sin lugar a dudas, es tiempo de actuar, no podemos quedarnos pasivos e indiferentes. ¿Mantendremos la estructura y los modelos misionales inadecuados o correremos el riesgo de cambiar y aventurarnos al actuar de Dios?

2

El Verbo se hizo carne, y habitó entre nosotros

Relación entre Palabra y presencia de Dios

> Les anunciamos al que existe desde el principio, a quien hemos visto y oído. Lo vimos con nuestros propios ojos y lo tocamos con nuestras propias manos. Él es la Palabra de vida.
>
> *1 Juan 1:1 NTV*

Juan se refiere a Jesús como el Verbo (1:1, 14). Desde la perspectiva de la cultura y filosofía griega, el *Logos* (Verbo/Palabra) era el puente que conectaba el universo trascendente y superior a lo material. Juan toma prestado ese concepto para afirmar que Jesús es el Logos que permite conexión con el Dios supremo, pero afirma que Jesús es Dios eterno, no creado, sino Creador de la vida en todas sus formas.

El Verbo eterno y trascendente es a la vez presente y accesible. El versículo 14 dice que el Logos vino para manifestarse a los hombres mediante la encarnación del Hijo de Dios. Tanto desea estar entre nosotros que puso su habitación o apartamento en nuestro barrio. ¡Dios se mudó a nuestro vecindario!

La encarnación del Hijo de Dios en Jesús es la revelación de Dios mismo en su mejor versión, es Dios poniéndose al alcance de todos. Esa condición hace posible que el ser humano pueda relacionarse con Dios. Así lo afirmó Jesús: «Si me conocieran, también conocerían a mi Padre; y desde ahora lo conocen, y lo han visto… El que me ha visto a mí, ha visto al Padre» (Juan 14:7, 9 RVC). Jesús, el Hijo de Dios, vino para revelarnos a Dios el Padre; es el camino verdadero para conocer a Dios.

Hebreos 1:1, 2 dice: «Dios, que muchas veces y de distintas maneras habló en otros tiempos a nuestros padres por medio de los profetas, en estos días finales nos ha hablado por medio del Hijo, a quien constituyó heredero de todo, y mediante el cual hizo el universo» (RVC).

Esa revelación nos ha llegado a través de las Sagradas Escrituras. Primero, mediante el anuncio de los profetas; luego, por el testimonio de los primeros discípulos de Jesús y las primeras comunidades que nos heredaron los Evangelios y también los escritos de los apóstoles a las iglesias cristianas del primer siglo (cartas y epístolas). Dada esa dinámica de revelación, existe una relación entre la persona de Dios y las Escrituras.

Dios se ha revelado a la humanidad de muchas maneras, pero la predilecta es la Palabra. Esa Palabra ha sido el producto del diálogo de Dios con el hombre en la historia. «La palabra es el hablar de Dios, la historia es el ámbito real donde esa palabra ha irrumpido para procurar transformación y la libertad es el estado resultante de esta irrupción».[24] Los hechos o acontecimientos bíblicos no tendrían mayor sentido si no se explicaran por medio de las palabras.

La Palabra es el vehículo que Dios más ha usado para manifestar su poder porque sus palabras son una extensión de Él mismo. Cuando Dios habla, crea, recrea y sustenta su creación. De hecho, el universo es el resultado de su palabra. ¡Lo que Dios dice, viene a existencia! (Génesis 1; Salmos 11:33; Hebreos 11:3).

La Palabra es la mejor teofanía que Dios nos ha regalado, su testimonio histórico más personal y fehaciente. Además, constituye la parte de la divinidad que el ser humano puede comprender. Entonces, conocer la Palabra de Dios da la posibilidad de conocer a Dios. Leer, estudiar y meditar las Escrituras es abrirse a la revelación de Dios. Por tanto, es posible conocer personalmente a Dios; para autenticar esa experiencia intervienen los sentidos, tal como lo dice Juan: «Lo que era desde el principio, lo que hemos oído, lo que hemos visto con nuestros ojos, lo que hemos contemplado, y palparon nuestras manos referente al Verbo de vida...» (1 Juan 1:1 RVC). Esta experiencia multisensorial que tuvieron los primeros discípulos de Jesús es posible para los discípulos de todas las edades. Esto también provee un sustento para afirmar que la experiencia es una vía legítima para comprender y explicar

[24] Abiud Fonseca, "La Biblia del Oso: Historia de una protesta". En *Palabra, historia y libertad: Un cambio emancipador de la Biblia* (Quito: Editorial Semisud, 2014), p. 8.

la Palabra de Dios, y que la experiencia es válida para construir teología, como se afirma en la tradición pentecostal.

Para que se lleve a cabo ese encuentro, Dios toma la iniciativa de darse a conocer al hombre, y el medio que generalmente utiliza es su Palabra; así lo afirma Juan: «El Verbo se hizo carne», la Palabra se humanizó y por eso hay una relación entre la Palabra de Dios y su persona, pues «el texto sagrado es el lugar en el cual Dios ha fijado su Palabra y desde el cual sigue conversando con los hombres, iluminando la existencia y descubriéndoles su querer».[25]

Esto quiere decir que el conocimiento objetivo de Dios nos viene por su Palabra revelada, preservada y transmitida a todas las generaciones en la Biblia.

Por tanto, es imperativo que los cristianos reconozcan que necesitan "redescubrir" a Dios a través de un acercamiento expectante y continuo de las Escrituras, mediante la lectura, el estudio y la meditación. Este ejercicio debe ser un diálogo con Dios. Diálogo que exige escucha atenta, ya que Dios «nunca habla indiferenciadamente a sus fieles, ni siquiera lo mismo de todos ellos; su escucha no es, pues, delegable a otros... [es] un esfuerzo de búsqueda del creyente individual».[26] No se puede conocer a Dios por medio de otro porque nadie conoce a Dios sin que Dios mismo se le revele.

Precisamente por eso, es necesario repensar la fe confesional e ir más allá de ella para comprender a Dios, pues ningún cuerpo doctrinal puede explicar todo sobre la persona y voluntad de Dios. Y es importante considerar esto porque nuestra lectura y estudio de las Escrituras están condicionados por nuestra teología. En este sentido, se hace un llamado a volver a la Escritura para estudiarla devocionalmente, no como quien se quiere informar o quien utiliza el texto para hablar de Dios, sino como un acercamiento para encontrarse con Dios.

2.1. Ausencia del Dios omnipresente

El mayor atractivo de una iglesia es la presencia real y manifiesta de Dios y no los programas que pueda poner en marcha, ni los edificios o ministerios de los que disponga. La manifestación de Dios hará a la iglesia relevante en esta sociedad cada vez más incrédula.

[25] Juan Bartolomé, *Mar adentro* (Madrid: Editorial CCS, 2004), p. 16.

[26] *Ibid*, p. 17.

Lo más significativo de una iglesia es que se convierte en el escenario para la manifestación personal de Dios. Por eso, la relevancia de la iglesia no descansa en la música contemporánea, ni en un modelo posmoderno de predicación, sino en que propicia la actuación de Dios, que se glorifica en cada circunstancia. Sin embargo, «hoy los creyentes estamos viviendo un período en el que lo que más sentimos es la ausencia de Dios y lo que menos percibimos es su silencio».[27] Pareciera ser que Dios y sus manifestaciones quedaron en el pasado.

Desafortunadamente muchas iglesias se han convertido en un aparato institucional religioso que se esfuerza por preservar tradiciones y liturgias vacías, carentes del mover dinámico de Dios. Esa tragedia se ha dado porque dejaron de oír la voz fresca y poderosa de la Palabra de Dios. ¡Cuántos púlpitos (lugares exclusivos de predicación) dejaron de ser lugares para comunicar (revelar) a Dios y se convirtieron en lugares para exhibir una personalidad!

Este escenario podría dividirse en dos grupos. Están los que escuchan sermones y leen las Escrituras, pero no pueden escuchar al Dios vivo a través de su Palabra porque no tienen percepción espiritual para que las Escrituras los interpelen, los confronten con su mediocridad espiritual, los dirijan y los transformen.

Otra manera de ver la ausencia de Dios es el sincretismo religioso que ha inducido a experiencias que no pertenecen a la espiritualidad cristiana. Hay quienes han "fabricado" dioses y se han hecho muchas imágenes de Dios (no necesariamente esculturas, sino más bien conceptos, percepciones). Consecuentemente hay muchos dioses por allí a quienes quieren manipular para que respondan a sus intereses y gustos, pero todo esto es vano y dañino porque quienes se acercan a esas iglesias se encuentran con la ausencia de Dios y se conforman con tener un ídolo más. Y así la iglesia es solo un eco de lo que debería ser, y Dios, un ídolo más.

2.2. Ausencia de la Palabra, ausencia de Dios

¿Cómo es posible que un Dios al que le gusta hablar no esté hablando? ¿Acaso se lo hemos impedido, o mejor dicho, no queremos oírlo? ¡El Dios bíblico es un Dios que habla, y habla el idioma de cada pueblo!

[27] Bartolomé, *Mar adentro*, p. 45.

Habla porque quiere darse a conocer para que tengamos la posibilidad de una relación personal.

Además, Dios vive en comunidad y dialoga constantemente. Bartolomé afirma que Dios cree tanto en el diálogo como para crear el mundo hablando y hablando manifestarse a los hombres; tanto gustó de la conversación con el hombre que se hizo Palabra. No es posible que el Dios que eligió el Verbo como medio para estar entre los hombres se encierre en el silencio. Ello supondría no solo condenar a los hombres a una búsqueda inútil de Dios; un Dios que no tiene nada que decir puede ser un buen ídolo, pero jamás será el verdadero Dios.[28]

No cabe duda de que esa ausencia de Dios se debe a que las Escrituras han sido ignoradas en la vida individual y comunitaria de los cristianos.

Probablemente la razón por la cual nos cuesta oír a Dios es que dialogar con alguien que no se ve exige fe (Hebreos 11:27). Es más fácil creer en un ídolo muerto que se ve que escuchar y dialogar con el Dios invisible. Por tanto, se hace necesario aprender a oír, actitud difícil en estos tiempos; para conocer a Dios se requiere la escucha atenta, humilde y obediente que puede percibir la cercanía divina que nos llega con su voz, especialmente a través de las Escrituras. Lastimosamente muchos cristianos viven tan ocupados y tan afanados que no tienen tiempo para reposar el espíritu, para aquietar el alma estresada y para sosegar la mente turbada por tantas cosas que asedian; por eso no pueden escuchar a Dios mediante las Escrituras.

La ausencia de Dios en la iglesia debe considerarse como un problema que ha surgido de la indiferencia hacia Dios en estos tiempos; solo recuperan su presencia aquellos a quienes Él se revela, aquellos que están atentos a su manifestación. ¿Qué hacer entonces para dar apertura a la revelación de Dios?

1.3. Entendimiento de la Palabra, encuentro con Dios

Juan 3:1-15 narra la historia de Nicodemo, un maestro de la Ley experto en las Escrituras judías, aunque no las comprendía adecuadamente y, por consiguiente, no conocía a Dios; por eso Jesús lo confrontó diciéndole: «¿Y tú eres maestro de Israel, y no lo sabes?» (v. 10 RVC).

[28] Bartolomé, *Mar adentro*, pp. 46-47.

Esta confrontación de Jesús a Nicodemo desafía a la iglesia de este tiempo a evaluar con honestidad su actitud ante la revelación de Dios en las Escrituras; muchas veces hablamos de Dios sin conocerlo. Otras veces, los lentes con los que leemos la Biblia se han empañado con tradiciones irrelevantes e indiferencia, y hay necesidad de cambiarlos para que podamos percibir la revelación de Dios que nos llega de varias formas, especialmente por las Escrituras.

Los paradigmas —confesionales o de experiencias personales y comunitarias— condicionan cómo entendemos a Dios; algunas veces tenemos una versión tergiversada o reduccionista de Dios que nos impide conocerlo y experimentarlo.[29]

La narrativa aludida muestra cómo un maestro reconocido de la Ley es confrontado por Jesús para romper sus paradigmas teológicos a fin de poder comprender la nueva manera en que Dios estaba revelándose en Jesús. Hay detalles en este encuentro de Jesús con Nicodemo que pueden orientar nuestro acercamiento a las Escrituras y consecuentemente pueden renovar nuestra relación con Dios.

Primero, el relato inicia describiendo la persona de Nicodemo: «Entre los fariseos había un hombre que, entre los judíos, era muy importante. Se llamaba Nicodemo» (v. 1). Para comprender mejor un texto, es imperativo considerar el contexto histórico en el que sucede; por eso hay que prestar atención a la mención que el texto hace de Nicodemo, especialmente en cuanto a los paradigmas socioculturales y religiosos establecidos.[30]

---

[29] Debemos reconocer que cada persona desarrolla "su propio canon" de las Escrituras, es decir, todos tenemos ciertos libros y textos bíblicos que nos agradan y por los que tenemos predilección. Este "canon" condiciona nuestra comprensión de la fe, de Dios, de la creación, del ministerio y demás asuntos. También tenemos que reconocer que la comunidad a la que pertenecemos incide en nuestra comprensión de Dios y de la realidad. Por ejemplo, los pentecostales tenemos predilección por la literatura lucana; tanto el Evangelio de Lucas como Hechos de los Apóstoles contribuyen claramente para articular nuestra teología.

[30] La manera como Nicodemo interpretaba y vivía la fe estaba profundamente condicionada por sus creencias, las cuales había construido con lo que le habían enseñado como verdad, y las experiencias que había acumulado. Pero dichas experiencias eran interpretadas a la luz de su contexto, matizado por su conocimiento, género, formación religiosa, posición social y realidad cultural. Nuestras realidades personales y el contexto en el que vivimos condicionan nuestra manera de interpretar, aplicar y comunicar las verdades de las Escrituras, aunque no siempre seamos conscientes de ello.

Nicodemo era un hombre, lo que le daba ventaja sobre una mujer; de lo contrario no hubiese tenido la oportunidad de estudiar la Ley ni de acercarse a Jesús de noche. Además, era un fariseo, lo cual significa que tenía una herencia teológica histórica muy hermética y pertenecía a una estirpe social alta. También integraba el sanedrín, es decir, era miembro del órgano de gobierno conformado por las familias pudientes y de influencia de aquella sociedad. Además, era maestro de la ley. ¡Nicodemo era representante de lo mejor del mundo social y religioso del primer siglo! Era un hombre profundamente religioso, con una tradición teológica bien enraizada que ostentaba ser correcta, pero era precisamente esa condición la que le impedía reconocer a Dios en la persona de Jesús.

Segundo, Nicodemo se acercó a Jesús con arrogancia y prepotencia, características del orgullo intelectual y religioso que caracterizaba a los fariseos: «Sabemos que has venido de Dios como maestro; porque nadie puede hacer estas señales que tú haces, si Dios no está con él». La expresión "sabemos" podría reflejar la opinión colegiada de los fariseos o del sanedrín. Además, la declaración de Nicodemo está condicionada por su hermenéutica: los milagros son credenciales de un enviado de Dios. Ellos veían a Jesús como alguien relacionado con Dios porque hacía milagros, pero no podían ver a Dios en Jesús.

Este relato nos advierte sobre actuar arrogantemente ante las maneras cotidianas en que Dios se revela, confiando más en los presupuestos teológicos denominacionales articulados por otros en otros tiempos —que en la mayoría de las veces representa la percepción de la actuación de Dios en ciertas circunstancias y en ciertos individuos— que en Dios mismo. Eso tiene su valor, pero muchas veces veda la posibilidad de percibir la dinámica en que Dios se revela en cada época y en circunstancias particulares.

Con una actitud altiva no se puede percibir la revelación de Dios. Se requiere humildad para comprender que Dios se da a conocer en cada época en diferentes manifestaciones y categorías. Hay nuevos entendimientos que se gestan en comunidades diversas que enriquecen la comprensión de la fe bíblica. Conviene mantener la humildad para oír a los demás, abrirnos al diálogo sobre nuestro Dios y las maneras en que actúa. Pero cuando descansamos arrogantemente sobre nuestros presupuestos denominacionales excluimos todo aquello que no se ajusta a dichas afirmaciones.

Nicodemo no se acercó a Jesús para preguntarle, sino para ofrecerle su "postura teológica" de la realidad que estaba observando, y lo hizo según sus paradigmas teológicos: las señales son credenciales del respaldo de Dios. Nicodemo comprendió que Dios estaba con Jesús, pero su entendimiento teológico solo le permitió reconocer a Jesús como maestro, no como el Mesías de Dios. Nicodemo refleja la postura prepotente de acercarnos a la revelación de Dios enclaustrando su obrar en nuestros esquemas teológicos, excluyendo aquello que no se corresponde con nuestras creencias y dogmas.

Es natural ver e interpretar las nuevas realidades con lentes viejos, y escenarios distintos con categorías viejas; pero es necesario encararlos con una reflexión teológica creativa y contextual, que necesariamente exige humildad para preguntar, indagar e incluso modificar lo que algunas veces hemos considerado como verdad absoluta.

La respuesta de Jesús al planteamiento de Nicodemo nos muestra el camino hacia el "descubrimiento" de la revelación de Dios. Jesús no siguió la lógica de la afirmación de Nicodemo, pues no tenía interés en decirle lo que quería oír, sino lo que necesitaba saber. Jesús le enseñó cosas nuevas a Nicodemo, que necesariamente deconstruyeron sus esquemas teológicos: el nuevo nacimiento en el contexto del reino de Dios y la obra del Espíritu Santo. Pero ¡la teología de Nicodemo no era la adecuada para entender y explicar la actuación y revelación de Dios en la persona de Jesús! Por eso se quedó perplejo y sin saber qué decir.

La esperanza mesiánica que Nicodemo tenía no le permitía percibir la manifestación e irrupción del Mesías que estaba frente a él, en la persona de Jesús. Los judíos, entre ellos Nicodemo, anhelaban una aparición glamurosa del Mesías, investido de autoridad política y económica, y no una persona vulnerable como Jesús de Nazaret.

Además, la persona del Espíritu Santo no era tan relevante en la teología del judaísmo. Angelit de Meza dice que tenían una espiritualidad sin Espíritu.[31] La teología de Nicodemo no le permitía comprender el actuar de Dios; por eso Jesús le advirtió: «El viento sopla de donde quiere, y lo puedes oír; pero no sabes de dónde viene, ni a dónde va. Así es todo aquel que nace del Espíritu» (Juan 3:8 RVC). El Espíritu Santo se resiste a ser simplificado a una formulación doctrinal-teológica

[31] Angelit de Meza, "¿Vino nuevo en odres viejos?". En *La fuerza del Espíritu en la evangelización: Hechos de los apóstoles en América Latina*, René Padilla (Ed.). (Buenos Aires: Ediciones Kairós, 2006), pp. 61-66.

porque no acepta ser controlado o manipulado. ¡Es impredecible!, pues no es un ídolo, sino el Dios creador. ¡La creatividad es parte de su naturaleza!

Qué triste que pretendamos una vida cristiana sin la vitalidad que da la presencia y manifestación del Espíritu de Dios. Qué triste que pretendamos ser iglesia sin la persona y la acción del Espíritu Santo.

Afortunadamente, la hermenéutica pentecostal es integradora al privilegiar la acción del Espíritu para comprender las Escrituras. Los pentecostales creen que el Espíritu que inspiró las Escrituras es el mismo que ilumina al lector de hoy para que la comprenda y así tenga la posibilidad de acceder al conocimiento de Dios. Precisamente esta posibilidad de conocer personalmente a Dios es lo que ha impulsado a los pentecostales a afirmar que la experiencia es esencial para construir y transmitir la teología.

A la acción del Espíritu se suma la lectura de la comunidad como elemento para interpretar las Escrituras. Eso quiere decir que los significados del texto bíblico se van enriqueciendo en cada lectura y en cada contexto, con diferentes matices que iluminan y apuntan a una comprensión más completa de la revelación de Dios.

En tercer lugar, Jesús desafía a tener una actitud expectante ante la Escritura. El Señor dio a Nicodemo una información (palabras-revelación) sobre cómo Dios estaba obrando en ese momento histórico: «De cierto, de cierto te digo, que el que no nace de agua y del Espíritu, no puede entrar en el reino de Dios» (Juan 3:5 RVC). Además, lo confrontó por no tener apertura: «¿Y tú eres maestro de Israel, y no lo sabes? De cierto, de cierto te digo, que hablamos de lo que sabemos y damos testimonio de lo que hemos visto; pero ustedes no aceptan nuestro testimonio. Si les he hablado de cosas terrenales, y no creen, ¿cómo creerán si les hablo de las cosas celestiales?» (Juan 3:10-12, RVC).

Todo cristiano genuino debe tener expectativa de Dios, porque él sigue revelándose a partir de su Palabra y muchas veces de manera novedosa y creativa; por eso debemos tener apertura hacia la sorpresa de Dios, hacia lo nuevo que Él está haciendo.

Ante el planteamiento de Jesús, Nicodemo le preguntó: «¿Y cómo es posible que esto suceda?». Jesús le respondió: «¿Y tú eres maestro de Israel, y no lo sabes?» (vv. 9, 10 RVC). Jesús no atropelló la arrogancia de Nicodemo (que en realidad era ignorancia), sino que le dio la clave para comprender la revelación y actuación de Dios; pero, antes de eso, Nicodemo debió reconocer su necesidad de aprender.

Recordemos que Nicodemo llegó a Jesús afirmando «sabemos», pero ahora está preguntando: «¿Cómo es posible que esto suceda?». El paso de Nicodemo de la afirmación a la pregunta es un gran logro en la comprensión de Dios. Jesús conduce a Nicodemo a hacer preguntas, lo cual significa que lo está haciendo reflexionar por sí mismo. Si Nicodemo está preguntando, eso significa que está dándose cuenta de que lo que sabe no es suficiente para responder a los nuevos desafíos. Significa que no se está conformando con repetir afirmaciones del pasado. Solo en esa condición de "penitente intelectual", Jesús ayudará a Nicodemo a la comprensión de su revelación.

Jesús está desafiándonos con tres consideraciones: 1) hacer preguntas, lo que implica razonar la fe; 2) buscar respuestas en las Escrituras, para lo cual será necesario conocer las ciencias bíblicas; 3) observar lo que Dios está haciendo y se propone hacer. Para lograrlo, debemos tener apertura a la obra del Espíritu de Dios y agudizar nuestra percepción espiritual para oír a Dios a través de las Escrituras. También necesitamos su dirección para trazar líneas de acción ministeriales. Es decir, no se trata simplemente de un ejercicio de percepción por el arte de saber, sino de una búsqueda sincera para conocer a Dios y cooperar en su misión en este mundo.

Este planteamiento no implica desprecio por la herencia teológica que nuestros padres espirituales nos dejaron. Al contrario, tenemos la solemne tarea de preservar esa verdad que se ha construido precisamente en esta dinámica: la revelación de Dios y su actuación en momentos particulares. Pero a ello tenemos que sumarle nuestra aportación que, en lugar del detrimento de la herencia teológica, viene a enriquecerla, y quiera Dios que se constituya en un legado para las siguientes generaciones y sirva para alumbrar los nuevos senderos donde ellas han de caminar.

Es decir, no debemos solamente repetir lo que otros han afirmado como verdad. Eso se debe apreciar, pero cada generación tiene que responder a los desafíos contemporáneos desde la Palabra de Dios. Aunque hay cosas esenciales que nunca cambian, la forma en que se explican debe tomar nuevas categorías.

En cuarto lugar, la necesidad de nuevas claves hermenéuticas. La teología es dinámica porque Dios es dinámico en su revelación y actuación. Aun cuando las verdades del evangelio no cambian, las formas de explicarlas van modificándose y se van integrando nuevas categorías para explicar a Dios y su obra entre nosotros. En el caso que se analiza, Jesús planteó varias categorías que eran nuevas: el nuevo nacimiento por acción del Espíritu Santo, el reino de Dios y Jesucristo como la clave hermenéutica necesaria para comprender la nueva actuación de Dios y para acceder al reino de Dios: «Así como Moisés levantó la serpiente en el desierto, así también es necesario que el Hijo del Hombre sea levantado, para que todo aquel que en él cree no se pierda, sino que tenga vida eterna» (Juan 3:14, 15 RVC).

Jesús ha conducido a Nicodemo a un estado óptimo para aprender: está preguntando, y Jesús amablemente va a responderle utilizando realidades concretas. Utiliza un hecho histórico que los judíos conocían muy bien para explicarles las verdades abstractas del reino de Dios y cómo se puede entrar en ese reino: la historia de las serpientes venenosas del desierto de Sinaí. Cuando los israelitas iban por el desierto, se rebelaron contra Dios y Él los castigó con serpientes, cuya picadura era mortal. Ellos clamaron a Dios y en respuesta les ordenó elaborar una serpiente de bronce que tenía la cualidad de salvar de la muerte a las personas mordidas si estas la miraban (Números 21:4-9). A través de esta "ilustración" concreta, Jesús reveló su deidad a Nicodemo, pero para comprenderlo, Nicodemo tuvo que integrar nuevas claves hermenéuticas.

La razón por la que los fariseos y muchos judíos no podían ver en Jesús al Mesías esperado era por la clave hermenéutica "davídica" que sostenían. Es decir, esperaban un Mesías que surgiera como el rey David, pero como no veían ejército, palacios ni la pompa característica de un rey, desconfiaban de que Jesús fuera el Mesías esperado por siglos.

Jesús quiere revelarse a Nicodemo como Mesías y le muestra que debe entenderlo desde la clave mosaica: el Mesías no viene con poderes terrenales, sino que viene para morir en la cruz y así liberar a su pueblo del pecado. Por tanto, no es el poderío militar lo que define al Mesías, sino la cruz, símbolo que le da otro sentido al relato. Seguramente Nicodemo había leído muchas veces dicha historia, pero no en clave cristológica. Ninguna de las tradiciones de la erudición judía veía en este relato una historia que hablara del Mesías tan esperado y de su misión en el mundo.

Quizás Nicodemo, con ojos abiertos y una mirada de sorpresa, dijo: «Cuántas veces había leído esto, pero no lo había comprendido como hoy», como nos pasa muy a menudo con ciertos textos que dejamos que nos interpelen y a los que hacemos preguntas honestas.

Cuando Nicodemo dejó la falsa seguridad del «sabemos» y pasó a la humilde posición del «¿cómo puede ser esto?», Jesús le reveló la verdad más importante del cristianismo: la del Hijo de Dios crucificado. De esa manera, Nicodemo inició su peregrinaje en el reino de Dios.

Por esto se hace necesaria una revisión de las metodologías para hacer y enseñar teología. Debemos pasar de repetir sistemas articulados en otros contextos a la búsqueda objetiva de la verdad de Dios dentro del contexto histórico donde Dios nos ha colocado para servirlo. Claro está que debemos escuchar lo que otros han dicho y dicen actualmente, pero nunca quedarnos como consumidores, pues debemos pensar la fe desde nuestra realidad histórica. Por eso celebramos las nuevas teologías contextuales, que son esfuerzos por comprender y explicar la fe desde el contexto donde hacemos la misión de Dios.

En ningún momento se excluyen o menosprecian los sistemas doctrinales sistematizados en otras épocas y en otras latitudes; no, ellos son una herencia que debemos cuidar con gratitud y nos debe servir como el fundamento para las nuevas comprensiones, iluminando los nuevos senderos adonde el Espíritu de Dios nos dirige.

Tampoco debemos cerrar los ojos al testimonio histórico de cómo Dios se ha estado revelando, pues cada movimiento de su Espíritu amplía nuestra comprensión de Dios y las formas de llevar a cabo su misión.[32]

¿Nos habrá pasado lo mismo que a Nicodemo por sacralizar un sistema teológico? Cuando leemos las Escrituras, ¿buscamos la verdad de Dios o la afirmación de las creencias ya establecidas y pensadas por otros? ¿Estamos acercándonos a las Escrituras para encontrarnos con Dios?

2.4. Redescubrir la Palabra para reencontrarnos con Dios

Para una iglesia que habla mucho de Dios, pero que con frecuencia parece no conocerlo, se hace imperativo volver a la fuente de la revelación divina: las Escrituras. Volver con humildad y búsqueda, con expectación para encontrarse con el Dios vivo que manifiesta su persona, carácter y voluntad.

[32] Movimientos como la Reforma protestante, el movimiento metodista o el pentecostalismo son actuaciones del Espíritu de Dios para renovar su iglesia y forjar nuevos senderos misionales.

La historia de la revelación testifica que Dios se ha manifestado hablando más que mostrándose o actuando. Cuando Dios mostró su poder, interpretó esa manifestación a través de conceptos o palabras. Son las palabras las que le dan sentido a los hechos o realidades. Es más fácil oírlo que verlo, por cuanto es espíritu, y así los hombres no podrían hacerse una imagen de Él, ya que cualquier imagen sería imprecisa y reduciría la comprensión de Dios.[33]

Quien nos creó hablando espera que le hablemos, pues nos creó para el diálogo con Él. En este sentido, no debería haber situación humana que no sea digna de ser dialogada con Dios. Para eso, debemos ir en busca de respuestas a la Palabra de Dios, acompañada de la oración.[34] Este ejercicio requiere abstracción, silencio y disciplina para oírlo, condiciones muy desafiantes para una sociedad e iglesia que corre desesperadamente en búsqueda de resultados rápidos. Se requieren tiempo y disciplina para hablar con Dios, como también disposición para oírlo y obedecerlo.

2.4.1. El Dios que habla exige ser escuchado

Pareciera ser que la iglesia de esta época no tiene disposición para oír a Dios, que hay muchos ruidos que agitan la conciencia humana y que ya no queda espacio para la voz de Dios. Incluso hay mucho ruido en nuestra religiosidad que entorpece nuestra escucha atenta de la voz tierna y paternal de Dios. También hay comezón de oír, es decir, escuchamos aquello que nos gusta —o que entretiene, quizás, porque también la iglesia ha sido víctima de la cultura hedonista y, en consecuencia, del entretenimiento—, pero lo que confronta nuestra frialdad, incredulidad y flacidez, es sencillamente ignorado. Cerramos el corazón y la mente para no oír la voz de Dios que nos llama al arrepentimiento.

---

[33] Hay que advertir que en esta era de las comunicaciones digitales, la imagen está sustituyendo las palabras, porque la imagen se ve mientras que la palabra es abstracta y necesita un marco referencial para ser interpretada. La imagen está imponiéndose cada vez más sobre las palabras, porque algo que se ve, se puede manipular. De hecho, las imágenes hoy en día se pueden manipular y mucho. No es posible representar a Dios con una sola imagen, pues ninguna podría representarlo dignamente, tal como sucede con las palabras. Ver Alfonso Ropero, *Homilética bíblica: Naturaleza y análisis de la predicación* (Viladecavalls: Editorial CLIE, 2015), pp. 26-28.

[34] Nos referimos a la oración que gesta comunión con Dios, la oración que conduce al encuentro amoroso y a la adoración apasionada. No a la oración superficial o egoísta que solo pide.

Hay que advertir que Dios habla a quienes tienen disposición de escucharlo. Dios habla donde se busca su voz, donde hay un corazón humilde capaz de aceptar la autoridad de las Escrituras en la vida. Desafortunadamente, la iglesia de ahora camina también en la carretera de lo efímero y prefiere escuchar las falacias de los charlatanes —¿profetas neopentecostales? ¿Predicadores legalistas que condenan?— antes que la fresca y vibrante Palabra de Dios.

2.4.2. Dios habla para ser obedecido

Dios estableció una relación con Israel y le expresó su voluntad, lo llamó a la vida y le ofreció toda clase de bendiciones con la condición de la obediencia, como establece Deuteronomio 28. Sin embargo, una y otra vez, Israel endureció su corazón y no quiso obedecer a Dios. En su misericordia, Dios les envió hombres, los profetas, a través de quienes comunicó su voluntad. Smith dice de ellos:

> Fueron mensajeros de Dios que declararon las palabras de Dios a hombres y mujeres comunes, reyes, jueces ricos y a grandes grupos en eventos públicos... algunos profetas condenaron a los que oprimían a los pobres, mientras que otros proveyeron respuestas espirituales a preguntas difíciles de la vida diaria. Los mensajeros de Dios desafiaron a sus oyentes a transformar su conducta [a fin] de poder disfrutar la bendición de la presencia de Dios.[35]

El mensaje de los profetas tenía el propósito de transformar el corazón y la actitud del pueblo para que pudiera disfrutar de las promesas de Dios establecidas en la alianza.

Al analizar el contenido del mensaje de los profetas, Smith lo resume en varios tópicos: persuadieron a las personas a mirar la vida desde una manera radicalmente diferente; ofrecieron esperanza a los desesperanzados; animaron a las personas a mirarse a sí mismas desde la perspectiva de Dios y a no conformarse con la política prevaleciente en su tiempo; y, debido a las presiones sociales, exhortaron a las personas a dejar de lado sus antiguas formas de actuar, a hacer un cambio y a transformar su vida.[36]

---

[35] Gary Smith, *Los profetas como predicadores* (Tennessee: B&H Publishing, 2012), p. 1.

[36] Smith, *Los profetas*, pp. 6-7.

En el N. T., el anuncio del evangelio tiene un carácter profético, porque es un mensaje liberador vinculado a la verdad. El conocimiento de la verdad es liberador, poderoso, y es el fundamento para una verdadera transformación; la verdad trasciende a un concepto, la verdad es una persona: Jesucristo. Por el contrario, la ignorancia o el mal conocimiento (herejía) conduce al temor, a la esclavitud y al fracaso porque no se tiene la capacidad para dirigir la vida. Precisamente por eso Jesús invita a conocer a Dios a través de las Escrituras: «Ustedes escudriñan las Escrituras, porque les parece que en ellas tienen la vida eterna; ¡y son ellas las que dan testimonio de mí!» (Juan 5:39 RVC). Esta idea está en las Escrituras una y otra vez.

También se hace necesario aprender a pensar bíblicamente los asuntos económicos, ecológicos, relacionales, familiares y demás áreas de la vida. Para comprender este punto de vista, mostraré una preocupación pastoral. Muchas personas que tienen apariencia de "buenos cristianos" toman decisiones egoístas, materialistas, mundanas, propias de un pecador. Sucede que estas personas han aprendido prácticas religiosas, pero todavía no han aprendido a ser guiados por el Espíritu de Dios y las Escrituras. Han ignorado la exhortación del apóstol Pablo a los Romanos: «Y no adopten las costumbres de este mundo, sino transfórmense por medio de la renovación de su mente, para que comprueben cuál es la voluntad de Dios, lo que es bueno, agradable y perfecto» (Romanos 12:2 RVC). Para vivir el propósito de Dios es necesario que las decisiones sean conforme a su voluntad, lo cual requiere una mentalidad bíblica. Eso sucede cuando una persona ha interiorizado las Escrituras mediante un proceso de lectura sistemática, de meditación y comprensión.

2.4.3. Dios habla a través de la predicación

Dios sigue hablando y sigue revelándose a partir de la Biblia predicada. Por eso, los predicadores son los profetas actuales, los mensajeros contemporáneos de Dios, enviados a comunicar su voluntad y propósito. Los predicadores solo están autorizados para hablar lo que Dios les indique, porque ellos no tienen un mensaje propio.

Por tanto, la predicación no debe verse como una simple exposición de un texto bíblico, sino como un evento teológico donde se revela a Dios a una comunidad particular. La predicación es un acontecimiento donde Dios es revelado a hombres y mujeres a través de la exposición clara y responsable de las Escrituras, las cuales son utilizadas por el

Espíritu Santo para renovar, recrear, restaurar, salvar, edificar y transformar la vida de aquellos que son expuestos a la Palabra poderosa de Dios.[37]

Además, hay una relación entre la Palabra y el obrar de Dios. Por eso, cuando Dios habla, los cielos son abiertos, los montes tiemblan, los mudos hablan y los enfermos son sanados. Cuando Dios habla, se hace presente y actúa. Por tanto, si la iglesia vuelve a las Escrituras, vuelve a Dios y solo así puede comenzar un proceso de renovación. ¡Renovemos la iglesia con la poderosa Palabra de Dios, creadora y sustentadora de todo lo que existe!

La relación entre la Palabra y Dios hace que la iglesia goce de un privilegio: la presencia de Dios. Y eso nos hace recordar que el primer llamado de la iglesia es a estar con Dios, a conocer a Dios, por cuanto ella es portadora de la presencia de Dios. En este sentido, la iglesia ha de convertirse en un espacio donde las personas se encuentren con Dios.

Las Escrituras no son simples historias, no son el recuento de un pasado remoto donde Dios dijo e hizo, sino la manifestación presente de un Dios vivo que gusta de dialogar para ser conocido y quiere darse a conocer para tener una relación que transforme la vida de aquellos que se encuentren con Él. ¡Es tiempo de leer, estudiar y obedecer las Escrituras!

---

[37] Ver Erick Tuch, *El poder transformador de la predicación* (Viladecavalls, España: CLIE, 2025), p. 51.

3

El que quiera ser mi discípulo

Llamados a ser y hacer discípulos de Jesús

> El discipulado es un proceso de transformación, donde aprendemos a ser y a hacer como Jesucristo. El discipulado significa adherirse a la persona de Jesús y, por lo tanto, someterse a la ley de Cristo, que es la ley de la cruz.
>
> *Dietrich Bonhoeffer*

El llamado a ser y hacer discípulos de Jesucristo es una experiencia que transforma toda la vida. «El que escucha el evangelio y responde a él positivamente emprende el seguimiento de Jesús, un proceso de transformación que dura toda la vida y que abarca todos los aspectos de la vida».[38] Por eso, el discipulado puede considerarse como un proceso continuo de transformación, donde el cristiano aprende a ser y a hacer como Jesucristo en su carácter y obras. Dicho proceso implica acompañamiento, aprendizaje, transformación y desarrollo. Así lo testifican los Evangelios: los primeros discípulos de Jesús fueron llamados a seguirlo, a estar con él; esto implicó comunión y aprendizaje. También fueron enviados al mundo a realizar las obras de Dios para continuar el ministerio de Jesús en la tierra. Por eso, ser y hacer discípulos de Jesucristo, son dos categorías inseparables, pues para hacer discípulos, primero hay que ser un discípulo, y un discípulo hará consecuentemente otros discípulos.

---

[38] René Padilla, "Una eclesiología para la misión integral". En La iglesia local como agente de transformación, René Padilla y Tetsunao Yamamori (Eds.). (Buenos Aires: Ediciones Kairos, 2003), p. 23.

El proceso de discipulado al que Jesús sometió a los doce transformó toda su vida; por eso estuvieron dispuestos a dejar familia, trabajo y sueños personales para seguirlo, comprometidos hasta la muerte. Un discípulo de segunda generación afirmó en un contexto de persecución: «Porque, por causa de Cristo, a ustedes les es concedido no solo creer en él, sino también padecer por él» (Filipenses 1:29 RVC).

Al ver el compromiso radical con Jesús que manifestaron los primeros discípulos, cabe preguntar: ¿qué hizo que estos hombres abrazaran la cruz como símbolo de fe, amor y compromiso con Jesús y su misión? ¿Por qué en las iglesias locales de hoy no se ve esa clase de discípulos que Jesús ofreció al mundo?

Quizá la respuesta a estos interrogantes tenga que ver con la comprensión del discipulado y la metodología empleada para formar discípulos en este tiempo.

En el siguiente análisis, se identificarán los elementos que integran el proceso discipulador de Jesús, y luego se considerarán los objetivos, la metodología y los contenidos del discipulado, de tal manera que puedan replicarse adecuadamente en nuestras iglesias locales.

Para lograr nuestras pretensiones, se hilvanarán tres relatos: el primero se refiere al llamado de los primeros discípulos, el segundo muestra la misión del discípulo y el tercero plantea las condiciones irremplazables de ser discípulo de Jesucristo.

3.1. El llamado divino

Según el relato de Marcos, el hecho de ser y hacer discípulos comienza con el llamado de Dios: «Después Jesús subió a un monte y llamó a los que él quiso, y ellos se reunieron con él» (Marcos 3:13 RVC). El texto deja en claro que en el discipulado se unen la gracia de Dios y la voluntad del ser humano. Es decir, Dios toma la iniciativa llamando y el hombre responde en obediencia.[39] Por tanto, el discipulado es más que proselitismo y adoctrinamiento.

Inicialmente podemos afirmar que el discipulado es un proceso de seguimiento a Jesús como respuesta a su llamado; como afirma Pagola:

---

[39] Hay quienes afirman que la salvación y el discipulado suceden cuando alguien invita a Jesús a "entrar" en su vida mediante la "oración de fe". Sin embargo, dicha oración no nos hace discípulos de Jesús, pues para ser discípulo de Jesucristo se requiere de un proceso. Claro que hay un punto de partida, y es cuando el hombre recibe por gracia la invitación a seguir a Jesús.

> Lo decisivo para seguir a Jesús es escuchar su llamada. Los relatos evangélicos lo dejan muy claro. Nadie se pone en marcha tras los pasos de Jesús siguiendo su propia intuición o sus deseos de vivir un ideal. Es Jesús quien toma siempre la iniciativa. El seguimiento comienza cuando alguien se siente llamado personalmente por él y acoge su llamada. Por eso, la fe cristiana no consiste primordialmente en creer algo, sino en creerle a Alguien por quien nos sentimos atraídos y llamados: «Ven y sígueme».[40]

El llamamiento al discipulado implica revelación de Dios, pues, para que el seguimiento sea auténtico, el discípulo debe tener un encuentro personal con Dios que le transforme la vida y conmueva sus entrañas para dejar el pecado y vivir desde entonces para los propósitos divinos. Es en ese encuentro cuando Dios llama. Esto se refleja claramente en el relato del llamamiento de Pedro y sus compañeros pescadores.

En el contexto de la "pesca milagrosa", Pedro se da cuenta (porque Dios se le revela) que Jesús es más que un maestro (como él lo ha llamado); por eso, postrado le dice: «Señor, ¡apártate de mí, porque soy un pecador!» (Lucas 5:8 RVC). Esta actitud es la misma que mostraron Moisés, Isaías y otros hombres al encontrarse con Dios. La confesión de los pecados es algo que solo puede hacer alguien que se encuentra interpelado por Dios.

El encuentro con Dios es lo que hace que todo ser humano, al oír su llamado, no pueda esquivar ni postergar el seguimiento. Por eso, Pedro y sus compañeros pescadores, al oír el llamado de Jesús, de inmediato dejaron todo y lo siguieron (Lucas 5:11).

El discipulado cristiano comienza con un encuentro personal con Dios (revelación), que se concreta en el llamado de Dios al hombre a seguirle en el camino de la vida. Esto exige, para quienes somos y hacemos discípulos, "crear ambientes" para que las personas se encuentren con Dios. Se necesita un contexto "de milagros" (como la "pesca milagrosa") para que las personas conozcan verdaderamente a Dios.

La pregunta obvia sería: ¿cómo se propician espacios para que las personas tengan un encuentro revelador de Dios y escuchen el llamado de Jesús al seguimiento? Aquí se hacen relevantes la predicación y la enseñanza de las Escrituras, pues Dios sigue revelándose al hombre a través de su Palabra. Esa Palabra solo es entendida cuando el Espíritu

[40] José Pagola, *Volver a Jesús* (Madrid: PPC Editorial, 2014), p. 27.

de Dios obra en el corazón del ser humano e ilumina su entendimiento para que pueda interpretar el llamado de Dios. Esto requiere una predicación y enseñanza responsables que revelen a Dios, una predicación que interprete bien las Escrituras para que estas sean expuestas en un lenguaje comprensible para quien escucha.

Además, el proceso de discipulado exige "acercar a Dios a los hombres". En todo el relato bíblico se puede ver a un Dios que insistentemente está buscando al ser humano. Esta proximidad implica varias acotaciones en la predicación.

Primero, requiere una predicación en diversos formatos que permita que el ser humano pueda comprender y conocer a Dios. Por eso es necesario articular nuevas teorías homiléticas que generen nuevos modelos de predicación, especialmente las que integren las artes y la tecnología.[41]

Segundo, se requiere una interpretación responsable de las Escrituras. Para eso es importante que el predicador domine las ciencias bíblicas. Estas tienen el propósito de ayudarnos a escuchar a Dios lo más claramente posible a través de las Escrituras. Un método que integra dichas ciencias es el método inductivo de interpretación, pues toma en serio el texto bíblico desde su contexto, considera el género literario, exige una interpretación gramatical y teológica del texto, y orienta hacia una aplicación o contextualización para que ese texto tenga relevancia en cualquier contexto.[42]

Tercero, se requiere conocimiento del contexto. No basta con conocer las ciencias bíblicas para interpretar correctamente las Escrituras: se requiere comunicar adecuadamente ese mensaje. Para eso es necesaria la contextualización.

La contextualización implica adaptar comunicativamente el evangelio a la cultura, cosmovisión y valores de un determinado grupo social. Para eso será importante conocer las narrativas culturales y conectarlas con las narrativas bíblicas, pues la Biblia y la cultura deben

---

[41] Un modelo actual que integra estos elementos es el de los sermones multisensoriales. Estos modelos contemporáneos integran los recursos tecnológicos y las artes escénicas para producir una mejor experiencia en la transmisión del texto bíblico. Estas metodologías también consideran las nuevas propuestas pedagógicas que indican que las personas aprenden de maneras distintas y que, cuantos más sentidos se estimulen, el aprendizaje será mejor pues habrá una mejor comprensión y una mayor retención. Ver Tuch, *El poder transformador de la predicación*, "La predicación multisensorial" (pp. 119-122).

[42] Ver Tuch, *El poder transformador de la predicación,* "Interpretación correcta del texto bíblico" (86-95).

abrazarse. Lógicamente, la Biblia reorienta comportamientos, costumbres y cosmovisiones de las diferentes culturas, pues la cultura del reino debe ser establecida en todas las etnias de la tierra.

Además, el predicador debe ser entendido en los tiempos y saber conectar el mensaje de las Escrituras con la realidad que viven las personas, usando las categorías que ellos pueden comprender. Esto hará que las Escrituras sean relevantes para todos. Para eso, será necesario el auxilio de las ciencias sociales. Así como las ciencias bíblicas ayudan a comprender las Escrituras, las ciencias sociales permiten comprender al hombre y la mujer, como también los procesos culturales desde los que se interpreta y vive la fe.

Para llamar a las personas a seguirlo, Dios se hace valer de la interacción de otros discípulos, quienes propician ese encuentro mediante la predicación de la Palabra de Dios. Como es obvio, existen casos donde Dios prescinde de estos intermediarios.

3.1.1 Relaciones personales y testimonio

El proceso de ser y hacer discípulos exige que se generen espacios de convivencia y transformación. Espacios que permitan conocer personalmente a Jesús. En estos procesos, la experiencia de fe es muy importante.

El Evangelio de Juan relata esta realidad en el proceso discipulador tal como sigue: «Andrés, el hermano de Simón Pedro, era uno de los dos que habían oído a Juan y habían seguido a Jesús. Este halló primero a Simón, su hermano, y le dijo: Hemos hallado al Mesías… Entonces lo llevó a Jesús…» (Juan 1:40-42). Es necesario enfatizar la expresión "hallar" que se menciona en dos ocasiones. La primera vez se refiere al encuentro de Andrés con Simón, mientras que la segunda se refiere al encuentro de Andrés con Jesús. Esto quiere decir que se requiere el encuentro con el hermano, con el prójimo, para que se pueda dar testimonio del encuentro que se ha tenido con Jesús.

El proceso discipulador requiere de relaciones interpersonales saludables. Tal vez la causa principal del por qué la iglesia esquiva hacer discípulos y lo sustituye con una serie de actividades es porque sus relaciones están dañadas —ya sea la relación con Dios, con uno mismo o con los demás—.

El hombre de hoy no tiene tiempo para construir relaciones sólidas porque no quiere exponerse a ser conocido verdaderamente; esa superficialidad relacional no permite la formación de discípulos auténticos.

El relato de Juan continúa afirmando que Andrés trajo a Simón para que conociera personalmente a Jesús, quien mirándolo lo llamó por su nombre: «Tú eres Simón», para después cambiárselo indicando así un nuevo destino: «Tú serás Pedro» (Juan 1:42). Es de suma importancia notar que el trato es personal —ya no está el intermediario (Andrés)—. Pero la relación entre Pedro y Jesús no hubiera sido posible si Andrés no hubiese ido por Simón.

Se necesita este "espíritu de Andrés" para perpetuar el ciclo de hacer discípulos. Se requiere compromiso, entusiasmo e iniciativa para salir a buscar a los demás y contarles la historia viva de Jesús, con el objetivo de conducirlos a Jesús para que cada persona pueda tener un encuentro con él.

Por eso, el discipulado precisa de un espacio adecuado para que las personas conozcan por sí mismas a Dios y luego busquen explicaciones de ese encuentro. ¡Cuán arrogantes hemos sido al explicar con categorías conceptuales lo que significa el encuentro con Dios, sin ayudar a las personas a experimentarlo! Con razón las iglesias locales terminan haciendo prosélitos o adoctrinando a las personas en vez de acompañarlas para que se conviertan en discípulos de Jesucristo.

Volviendo al relato de Juan, Andrés no es el único con esta iniciativa; también Felipe hace lo mismo:

> Al día siguiente, Jesús quiso ir a Galilea, y halló a Felipe y le dijo: «Sígueme». Felipe era de Betsaida, la ciudad de Andrés y Pedro. Y Felipe halló a Natanael y le dijo: «Hemos hallado a aquel de quien escribió Moisés en la ley, y también los profetas: a Jesús, el hijo de José, de Nazaret». Natanael le dijo: «¿Y de Nazaret puede salir algo bueno?». Y le dijo Felipe: «Ven a ver». Cuando Jesús vio que Natanael se le acercaba, dijo de él: «Aquí tienen a un verdadero israelita, en quien no hay engaño». Natanael le dijo: «¿Y de dónde me conoces?». Jesús le respondió: «Te vi antes de que Felipe te llamara, cuando estabas debajo de la higuera». Natanael le dijo: «Rabí, ¡tú eres el Hijo de Dios!; ¡tú eres el Rey de Israel!». Jesús le respondió: «¿Crees solo porque te dije que te vi debajo de la higuera? ¡Pues cosas mayores que estas verás!». También le dijo: «De cierto, de cierto les digo, que de aquí en adelante verán el cielo abierto, y a los ángeles de Dios subir y bajar sobre el Hijo del Hombre» (Juan 1:43-51 RVC).

El relato indica que Felipe fue a buscar a Natanael para testificarle del encuentro que había tenido con Jesús. Cuando Natanael cuestiona, Felipe lo reta: «Ven y compruébalo tú mismo». El testimonio, entonces, solo es un medio para el encuentro con Dios. El discipulado exige una relación personal con Dios como punto de partida. Ver y comprobar son categorías posibles cuando se trasciende la repetición de fórmulas teológicas o doctrinales y se remite a vivir la experiencia de Dios.

El discipulado invita a una experiencia personal con Dios que no admite intermediarios porque nadie puede seguir a Jesucristo sin tener un encuentro impactante, tal como le pasó a Natanael, pues Jesús, al verlo llegar, en la proximidad de su persona lo descubre diciéndole: «Un hombre totalmente íntegro». ¿Jesús lo conoce? Sí, porque el discipulado no admite extraños: deben conocerse mutuamente. Y será ese vínculo de conocimiento el que llevará a Natanael a una revelación de Dios en Jesucristo: «¡Rabí, tú eres el Hijo de Dios!» (Juan 1:49 RVC).

Ya que ahora Natanael sabe quién es Jesús, está listo para escuchar el desafío: «¡Pues cosas mayores que estas verás!» (v. 50 RVC). Solo quien conoce a Jesús personalmente experimenta la manifestación del reino de Dios. Quien se ha encontrado con Dios puede vivir significativamente, pues ya está en condición de experimentar la vida en abundancia que Jesús ofrece (Juan 10:10). Las "cosas grandes" que Jesús propone a Natanael se refieren a caminar con Jesús y ser testigo presencial de la manifestación del poder y amor de Dios a favor de muchas personas. De ahora en adelante, Natanael será parte del proyecto de Dios para el mundo.

Al considerar la realidad del discipulado en estos tiempos, pareciera que hace falta este encuentro personal con Dios; esto podría explicar por qué muchas personas nunca se han comprometido, pues Él sigue siendo algo espurio para ellos, una idea que la religión les ha transmitido. Lamentablemente no tuvieron a un Andrés o un Felipe que los condujera a un encuentro personal con Jesucristo.

Dios toma la iniciativa de revelarse al hombre; no es posible conocer a Dios personalmente de otro modo, pero incide la iniciativa y disposición de los que ya son discípulos para ir, buscar y conducir a los demás hacia Jesús. Es en la colectividad que se manifiestan y viven los propósitos de Dios, pues el relato de Juan termina aludiendo a la comunidad: «También le dijo: De cierto, de cierto les digo, que de aquí en adelante verán el cielo abierto, y a los ángeles de Dios subir y bajar sobre el Hijo del Hombre» (Juan 1:51 RVC). El llamamiento de Dios al hombre es personal, pero se da en el contexto de la comunidad de discípulos.

Otro elemento implícito en este proceso es el diálogo, que es el vehículo para transmitir ideas. Debe ser abierto y sincero, y permitir: a) la expresión de dudas e incredulidad —«¿puede venir algo bueno de Galilea?»—; b) la expresión de asombro —«¿me conoces, eres el Hijo de Dios?»—. Es el diálogo el que permite abrir el corazón a la revelación de Dios, lo cual es congruente con la forma en que Dios se ha revelado, pues ha usado el *logos*; la palabra-diálogo es lo que abre puertas hacia los nuevos conocimientos de Dios.

3.2. Comunión y capacitación

La segunda etapa se refiere a dos elementos esenciales para el desarrollo de un discípulo: la comunión y la capacitación: «A doce de ellos los designó para que estuvieran con él…» (Marcos 3:14a). El discipulado se da en la vida misma, mientras se camina junto a otros; como afirma López:

> Los discípulos se forjan en el camino, dando testimonio del poder de Dios en acción en la historia cotidiana, escuchando y transmitiendo lo escuchado en la ruta que se camina día a día, encontrándose con su Señor en la lectura y meditación de la Palabra, dialogando con Dios en la oración personal y comunitaria, y cantando con gozo en medio del camino que se recorre cada día, aunque ese camino sea en ocasiones áspero, peligroso y violento.[43]

Es la vida cotidiana el escenario básico para formarse como discípulo. Precisamente por eso, Jesús llamó a los suyos a convivir con él. Padilla dice que la formación de discípulos según la imagen de Cristo se realiza en el contexto de la comunidad de fe, no aparte de ella. Es en la iglesia donde los discípulos aprenden a amar, a servir, a orar, a resistir el mal y a cultivar el bien. Es en la iglesia donde los discípulos descubren y ejercen sus dones y crecen.[44]

---

[43] Darío López, *La fiesta del Espíritu: Espiritualidad y celebración pentecostal* (Lima: Ediciones Puma, 2006), p. 39.

[44] René Padilla, "Una eclesiología…", p. 27.

Esta etapa implica varios elementos. Primero, la comunión, que expresa la nueva relación que se ha gestado con Dios y que naturalmente nos vincula a una comunidad. He aquí la importancia de que cada iglesia local sea sana e inspire cambios profundos en los discípulos: una iglesia que estimula al amor, la humildad, la solidaridad y la alegría por la vida, que desafía e inspira a seguir obedientemente a Jesús.

En segundo lugar, Jesús convocó a sus discípulos a estar con él para enseñarles. Al observar el ministerio de Jesús, una gran parte se refiere a la enseñanza y capacitación de sus discípulos.

El proceso de enseñanza-aprendizaje que Jesús utilizó fue teórico y práctico, e invitaba a una nueva vida y al compromiso de servir a Dios y a la sociedad. Padilla dice que la enseñanza de Jesús no fue meramente teórica, sino práctica y paradigmática. Su pedagogía consistió en su ejemplo y acción, por medio de los cuales transmitía los valores del reino de Dios, encarnados en sí mismo.[45]

Esto significa que el aprendizaje en el contexto del discipulado tiene el propósito de transformar la vida. No es solo un aprendizaje que refiere a contenidos, sino a significado, es decir, un conocimiento para la vida.

Es importante que las iglesias locales revisen los contenidos y metodologías utilizados en el proceso de discipulado. Es necesario sistematizar los contenidos e integrar metodologías adecuadas para compartirlos tal como lo hacía Jesús. El maestro de Galilea siempre tenía algo nuevo que enseñar, siempre sacudía las conciencias, hacía que el corazón se conmocionara por la verdad y quisieran seguirlo. Sus enseñanzas eran tan novedosas, relevantes y creativas que multitudes lo siguieron aun a lugares desérticos, e incluso lo escuchaban por muchas horas. La calidad del contenido y la creatividad para socializarlos exigen esfuerzo de cada comunidad discipuladora.

El discipulado conduce al aprendizaje que transforma, al desarrollo del carácter y la capacitación para el servicio. No se trata de conocer solamente, se trata de aprender para ser y hacer mejor. Se trata de conocer la verdad que libera y transforma, que renueva la manera de pensar y mejora las condiciones de vida. El discipulado es más que aprendizaje doctrinal; procura configurar un nuevo ser humano según el propósito de Dios porque el discipulado es la "estrategia" de Dios para la construcción de su reino en esta tierra.

---

[45] René Padilla, "Una eclesiología...", p. 25.

Este proceso de capacitación y desarrollo implica ayudar al nuevo discípulo a descubrir sus dones y habilidades, y acompañarlo para que los desarrolle al máximo. Es importante que todo discípulo desarrolle competencias adecuadas para el ejercicio de su ministerio y así contribuya al crecimiento y desarrollo de la iglesia. Además, esas habilidades deben necesariamente contribuir a la construcción de una nueva sociedad.

3.3. Envío al ministerio

El texto dice que Jesús quería capacitar a los discípulos «para enviarlos a predicar, y para que tuvieran el poder de expulsar demonios» (Mc 3:14 b, 15 RVC).

La enseñanza de Jesús buscaba capacitar nuevos hombres para la empresa más grande: acercar el reino de Dios a los seres humanos. Por eso debían ser portadores de la buena nueva de Dios y necesitaban poder para contrarrestar las fuerzas de las tinieblas. Donde había enfermedad, debían manifestar salud, anunciando así que el reino de Dios se había acercado. Donde el pecado esclavizaba en sus múltiples formas, debían irrumpir con la gracia redentora de Dios y así manifestar el amor de Dios.

El envío a hacer la misión constituye una meta del discipulado. Un discípulo que ha crecido saludable producirá fruto, como lo dijo Jesús en Juan 15:16: «Ustedes no me eligieron a mí. Más bien, yo los elegí a ustedes, y los he puesto para que vayan y lleven fruto, y su fruto permanezca» (RVC). Dios no solo desea que respondamos a su gracia que nos invita a estar con Él, sino que seamos fructíferos en su reino.

Desde esta perspectiva, un criterio para medir el desarrollo de la iglesia y la efectividad del proceso de discipulado es ver cuántas personas están involucradas en los ministerios de la iglesia. Es imposible esquivar el servicio en el reino de Dios cuando ha habido un proceso adecuado de discipulado, pues la integración entusiasta a un ministerio es la consecuencia del desarrollo y la capacitación. Lastimosamente, en las iglesias muchos miembros no tienen compromiso con el servicio, lo cual indica que se está fallando en el proceso de discipulado y que no hay desarrollo ni capacitación que inspire a contribuir a la construcción del reino de Dios.

3.4. El seguimiento y la cruz como condiciones básicas para ser discípulo

El llamado que Jesús hace implica entrega total. Cuando Jesús llamó a sus discípulos, esto significó que dejaran todo: familia, sueños personales, profesiones, ambiciones, amigos e incluso debían estar dispuestos a morir. Y eso fue precisamente lo que experimentaron por lo menos Juan, Pedro, Andrés y Santiago.[46] Décadas más tarde, miles fueron martirizados por la causa de Cristo. Al respecto, Platt dice lo siguiente:

> No obstante, creyeron que valía la pena. En Jesús, esos hombres hallaron a alguien por quien valía la pena perderlo todo. En Cristo encontraron un amor que sobrepasaba todo entendimiento, una satisfacción que superaba las circunstancias y un propósito que trascendía cualquier otra meta en este mundo. Perdieron sus vidas con gusto, con entusiasmo y con alegría para conocer, seguir y proclamar a Jesús. En las huellas de Jesús, estos primeros discípulos descubrieron un camino por el que valía la pena perder la vida al transmitirlo.[47]

¡Cómo ha cambiado la exigencia básica del discipulado! Ahora la mayoría de cristianos cree que son discípulos porque repiten una oración "aceptando a Jesús como Señor" o aceptando la doctrina que alguna denominación ha considerado como la correcta. Minimizar la exigencia del discipulado solo crea una religión vacía y esquiva la gracia del Señor, pues Jesús claramente dijo que seguirlo era sinónimo de entrar por la puerta estrecha. Y Mateo quiere asegurarse de que sus lectores entendieran claramente las implicancias del discipulado; por eso advierte de los padecimientos de los que han decidido seguir a Jesús (10:17-22; 16:16, 24, 25).

Lucas deja para los discípulos de hoy una narrativa en la que Jesús presenta las exigencias de quienes deciden ser sus discípulos, la cual servirá como paradigma para comprender la naturaleza y las

---

[46] Según la tradición, los primeros cuatro llamados a ser discípulos de Jesús murieron por la causa del evangelio: Pedro fue crucificado cabeza abajo, Andrés fue crucificado en Grecia, Santiago fue decapitado y Juan fue llevado al exilio.

[47] David Platt, *Sígueme* (Illinois: Tyndale, 2013), p. 3.

exigencias del discipulado (9:57-63). Jesús es radical en su llamado porque quiere sacudir conciencias; no quiere seguidores sin que abracen su causa, quiere discípulos comprometidos sin reservas, dispuestos a renunciar a falsas seguridades de las cosas de este mundo (dinero, posición social) y asumir las rupturas necesarias para el seguimiento (pecado, religiosidad).

En este relato, Lucas deja claro que el llamado de Jesús a seguirlo exige una respuesta pronta y determinada, no admite vacilación. A la vez, refleja las respuestas absurdas que muchas veces damos al llamado de Jesús. Veamos más en profundidad.

Primero, un sujeto emocionado ofrece seguirlo, pero Jesús responde de manera inesperada: «El hijo del hombre no tiene dónde recostar la cabeza» (Lucas 9:58 RVC). Al parecer, este sujeto quiere seguir a Jesús por las motivaciones equivocadas; probablemente busca fama (para esa época, la fama de Jesús se había difundido), o quizá beneficios personales (pues la idea mesiánica política que tenían los judíos le haría pensar que, al llegar Jesús al poder político, tendría una posición). Sin embargo, Jesús le recuerda que hay que seguirlo por las motivaciones correctas.

La respuesta de Jesús a este primer personaje nos recuerda que el discipulado es una aventura que exige dejar la comodidad, la seguridad y el bienestar superficial de las cosas para abrazar una causa mayor: el reino de Dios.

Segundo, seguir a Jesús exige redefinir las prioridades. En la segunda escena se muestra a alguien que, al ser llamado por Jesús, responde afirmando que lo seguirá después de enterrar a su padre, pero Jesús no admite el segundo lugar: «Deja que los muertos entierren a sus muertos, y tú ve y anuncia el reino de Dios» (Lucas 9:60 RVC). Si el reino de Dios no está en el primer lugar, esa persona no califica como discípulo. ¡Jesús está reclamando el primer lugar!

Es posible que este sujeto fuera el hijo más pequeño y tuviera la responsabilidad de cuidar a su padre hasta el día de su muerte; por eso pide prórroga a Jesús para seguirlo. Pero el llamado al seguimiento y el compromiso con su reino no puede esperar.

Jesús no admite entre los suyos a quienes no estén dispuestos a romper aquellas relaciones que entorpecen su seguimiento, incluso la familia, que tenía predilección en la cultura judía. Jesús no admite vacilaciones ni componendas; tampoco negocia las condiciones. Quienes lo siguen deben reconocerlo como Señor y deben comprender que su causa es apremiante; por lo tanto, el compromiso que se exige demanda la vida entera.

Quien se ha encontrado con Jesús ha visto cómo ha cambiado su vida; por eso, muchas cosas que antes eran importantes vienen a ser secundarias. Es el reino de Dios lo que se debe buscar primero.

Tercero, Jesús exige un compromiso irrenunciable con él y su causa. Una tercera persona es llamada a seguirlo, pero responde que irá primero a despedirse de sus padres. La respuesta de Jesús es desconcertante: «Nadie que mire hacia atrás, después de poner la mano en el arado, es apto para el reino de Dios» (Lucas 9:62 RVC).

No se puede ser discípulo de Jesús sin estar comprometido con Él, con sus enseñanzas y su misión en el mundo. Jesús quiere compromiso en todos los niveles. Tal demanda contradice la tendencia del evangelio que predican muchos, en la que la oferta anula el llamado al compromiso con Jesús. ¿Cuánto compromiso muestran los seguidores de Jesús ahora? Se debe seguir a Jesús sin mirar atrás, sin añorar el pasado, sin suspirar por el mundo.

Con determinación hasta las últimas consecuencias, será necesario abrazar la causa de Cristo. Quien no tiene compromiso, renunciará pronto al ver las dificultades que acompañan el hecho de ser discípulo de Jesús. Por eso, en varios pasajes de los Evangelios encontramos que el seguimiento de Jesús debe hacerse tomando la cruz: «Si alguno quiere seguirme, niéguese a sí mismo, tome su cruz cada día, y sígame» (Lucas 9:23 RVC).

Cuando Jesús mencionó estas condiciones a sus discípulos, ellos recordaron de inmediato el cuadro de los malhechores caminando al lugar de crucifixión, pues la cruz era un instrumento cruel de tortura y muerte. Por tanto, al escuchar las palabras de Jesús, tenían claro que seguirlo o convertirse en sus discípulos implicaba morir por el método más doloroso conocido por el hombre de aquella época. Sin duda, los primeros discípulos entendían que el llamado significaba un compromiso enorme que implicaba morir por él.

No se puede ser discípulo sin entrega total, sin rendir la vida entera a Jesús. No se puede ser discípulo sin morir, pues claramente Jesús dijo: «Si alguno quiere seguirme, niéguese a sí mismo, tome su cruz, y sígame. Porque todo el que quiera salvar su vida, la perderá; y todo el que pierda su vida por causa de mí, la hallará. Porque ¿de qué le sirve a uno ganarse todo el mundo, si pierde su alma?» (Mateo 16:24-26 RVC). La decisión de ser discípulo de Jesús debe hacerse considerando que implica la entrega total de la vida a la voluntad y el propósito de Dios.

Esta entrega y sumisión total a Jesús no va en detrimento de la vida humana, al contrario: quien rinde su vida al propósito de Dios realmente encuentra la verdadera vida y comienza a vivir plenamente.

3.5. El desafío de hacer discípulos

Sin duda alguna, quien ha experimentado la dicha de ser discípulo de Jesús se verá impelido a hacer otros discípulos, porque tendrá el corazón henchido que lo impulsará a contar la maravillosa experiencia a quienes están a su alrededor. Además, hacer discípulos es la tarea que Jesús ha encomendado a sus seguidores. A continuación, se consideran los elementos para tal proceso.

Conducir a las personas a Jesucristo. El discipulado implica un encuentro vivo con Jesús que inspira al seguimiento y al compromiso con su misión en este mundo.

En el proceso de hacer otros discípulos, la evangelización es parte esencial. Entiéndase evangelización como el proceso de dar a conocer el evangelio de Dios en la persona, mensaje y sacrificio de Jesús. Además, implica que las personas comprendan claramente de qué trata el evangelio y cuáles son las exigencias y beneficios para que puedan vivir según el propósito de Dios. Entonces, cabe preguntar, ¿qué versión del evangelio estamos predicando? ¿A qué Jesús estamos proclamando? ¿Hemos hecho del evangelio un artículo barato en el mercado religioso, cada vez más al gusto del consumidor? Desafortunadamente muchos han caído en la trampa de mercadear el evangelio, diluyéndolo y acomodándolo al gusto de los comensales, lo que ha producido un seudoevangelio incapaz de salvar y transformar al ser humano.

Discipulado personal y comunitario. El discipulado es un proceso transformacional donde se ayuda a otro a ser y hacer como Jesús. Esto requiere de mentoreo personal y espacios comunitarios porque juntos se crece mejor en la gracia de Dios.

El aprendizaje es mejor en comunidad, ya que los cambios son estimulados por el entorno; cada iglesia local debe tener espacios para el crecimiento de cada discípulo.

Sin embargo, debemos reconocer que muchos discípulos necesitarán tiempo personalizado. En mi experiencia, se producen mejores resultados acompañando individualmente al nuevo discípulo, especialmente en los primeros meses de vida cristiana. Cuando el nuevo discípulo ha alcanzado cierto grado de madurez y logrado cierta comprensión de la fe, ya puede integrarse a un grupo de estudio bíblico y crecimiento para continuar con su desarrollo.

Conocer a Dios a través de las Escrituras. Los cristianos saben cada vez menos de las Escrituras. Esto es nocivo para la salud espiritual porque se crea una religión vacía y sin conocimiento de Dios. La Biblia es más que un libro sagrado para los cristianos, es el testimonio escrito de la revelación de Dios al ser humano. Es decir, a través de la Biblia, Dios se revela, se da a conocer en su carácter y propósito para la humanidad. Por eso, cada cristiano debe desarrollar la habilidad de escuchar a Dios a través de las Escrituras, debe "percibir la revelación" de un Dios vivo que quiere comunicarse para tener una relación vital con cada ser humano.

Entonces, se requiere estimular la lectura y el estudio de las Escrituras. Existen muchos métodos de estudios personales y grupales que ayudarán en este proceso.

Propiciar crecimiento a través de las disciplinas espirituales. A la iglesia de este tiempo le encantan los resultados extraordinarios con el menor esfuerzo posible, incluyendo la vida espiritual. Pero esto es una falacia; no se puede ser discípulo de Jesús de la noche a la mañana sin manifestar compromiso con Jesucristo, sin renunciar al pecado, sin un esfuerzo constante de obediencia a la voluntad de Dios. Para este propósito, las disciplinas espirituales son un recurso valioso.

La oración, la lectura y la meditación de las Escrituras, la evangelización, el servicio y otras disciplinas son actividades que propician crecimiento, pues nos estimulan a la dependencia de Dios, a la obediencia y al compromiso con Jesús y su reino.

Aunque la comunidad de fe incide en el desarrollo de los discípulos, el crecimiento es responsabilidad de cada discípulo y dependerá del interés que cada uno manifieste.

Aprendizaje teórico y práctico. El discipulado implica aprendizaje. Se aprende más cuando se hace. El discípulo aprende mejor haciendo. De hecho, el mayor crecimiento muchas veces se da según la medida en que se sirve.

El discipulado requiere de la práctica de nuevos valores en la vida cotidiana. Seguir a Jesús no se remite a un culto o la aceptación de un cuerpo doctrinal; ser discípulo de Jesús implica vivir como Él vivió y se aprende mejor viendo y haciendo. Por eso, los procesos de discipulado deben incluir información y formación.

3.6. Integración al ministerio

Todo discipulado verdadero conduce al compromiso con la causa de Jesucristo: edificar el reino de Dios. Es de esperarse que todo discípulo se comprometa con la misión de Dios en el mundo y la forma más natural de hacerlo es a través de un ministerio en una iglesia local.

No hay mejor manera de desarrollar una iglesia que formando discípulos entregados totalmente al Señor, con un compromiso irrenunciable a su señorío y reino, que disponen de su vida y recursos para el cumplimiento de la misión de Dios.

Los pentecostales creemos que todo cristiano tiene la promesa de ser investido de poder mediante el bautismo con el Espíritu Santo para servir. Esta convicción se sustenta también en la doctrina del sacerdocio de todos los creyentes. Siendo así, todos los creyentes tienen dones y habilidades, tanto naturales como sobrenaturales, que deben disponer para la misión, ya sea dentro de la iglesia como en la sociedad.

Tengo la certeza de que el siguiente avivamiento que Dios traerá a su iglesia está relacionado con el discipulado; muchos están cansados de una vida religiosa superficial y están buscando una relación auténtica con Dios. Por tanto, las iglesias con futuro son aquellas que están articulando y desarrollando procesos discipuladores que forman a las siguientes generaciones con pasión y compromiso hacia Jesucristo y su misión.

4

Así como el Padre me envió, también yo los envío

Importancia de redefinir la misión de Dios

> La iglesia es la comunidad del Espíritu a través de la cual Dios muestra su gloria en el mundo, salvando, restaurando, liberando y dando nueva vida. Por eso, la iglesia debe funcionar en torno a los dones y ministerios y no como una organización.

La iglesia ha sido llamada a ser partícipe de la misión de Dios en el mundo, ha sido empoderada por el Espíritu de Dios para continuar el ministerio redentor que Jesucristo inició en la tierra.

La misión es de Dios; de hecho, «la misión es un atributo de Dios mismo. La iglesia no tiene una misión que le sea propia, sino que Dios, en su soberanía y amor, comparte su misión a la iglesia para que ella participe en sus movimientos».[48] Así lo estableció el Señor de la iglesia: «Así como el Padre me envió, también yo los envío a ustedes» (Juan 20:21 RVC). Esta declaración de Jesús es contundente y define la naturaleza y los distintivos de la misión de la iglesia. La iglesia que quiere ser fiel al llamado y al envío de Dios debe prestar atención a los distintivos del ministerio de Jesucristo y reproducirlos. Una misión que continúa el ministerio de Jesús hace que la iglesia sea relevante e irremplazable.

La indiferencia hacia la iglesia en esta generación, en parte se debe a que se ha sustituido la misión por activismo irrelevante; por eso la iglesia viene a ser un grupo religioso más, en vez de agente de Dios.

[48] Alberto Roldán, *Reino, política y misión* (Lima: Ediciones Puma, 2011), p. 41.

Pareciera que la iglesia se ha dedicado a hacer lo que no se le encomendó, olvidando la razón principal de su existencia: continuar la misión que Jesús inició.

Son muchos los textos de los Evangelios que describen el ministerio de Jesús (y consecuentemente la misión de la iglesia), pero Mateo 9:35-38 será nuestro punto de partida porque ofrece una síntesis del ministerio terrenal de Jesús. Mateo dice que Cristo anduvo predicando, enseñando y sanando a los enfermos como muestra de su amor y compasión. Además, esos gestos eran la manifestación visible de la llegada del reino de Dios a la tierra, y para perpetuarlos por las siguientes generaciones en todas las latitudes, llamó a doce hombres, a quienes discipuló y empoderó con su Espíritu para que continuaran con su obra redentora.

En este acercamiento se consideran los enfoques misionales de Jesús para luego ofrecer una redefinición de la misión de la iglesia y mostrar algunos desafíos que esta debe enfrentar en el cumplimiento de la misión de Dios.

4.1. Una misión centrífuga: Recorrer ciudades y aldeas

La primera indicación de Mateo sobre la misión de Jesús es que recorría ciudades y aldeas (9:35a). Los Evangelios muestran claramente que Jesús desarrolló una misión itinerante, movilizándose de un lugar a otro, siempre en busca de aquellos a quienes había venido a salvar. A pesar de que gozaba de buena fama, Jesús no estableció un lugar donde reunir a las multitudes para predicarles; más bien, las buscó, pues él vino a buscar lo que se había perdido (Lucas 19:10).

Jesús fue a buscar a los necesitados de la salvación de Dios, se acercó para tocarlos, para dignificarlos, para ofrecerles nueva vida. Esta misma actitud debe estar en la iglesia; sin embargo, esta generalmente se ha acomodado esperando que las personas vengan.

El hecho de que Jesús buscara a las personas implica que la iglesia debe movilizarse para llevar el evangelio a todos. La movilización exige que la iglesia deje la comodidad que le ofrecen sus programas egoístas, diseñados para mantenerse a sí misma —y, en otros casos peores, para entretenerse—.[49]

[49] Muchas iglesias locales gastan grandes cantidades de dinero celebrando aniversarios y otras actividades donde participan artistas que son pagados para entretener y

También implica que la iglesia tenga sensibilidad para conocer a las personas y su contexto y que se acerque a ellas adecuadamente. La iglesia debe ver hacia "afuera" y tender puentes para alcanzar a aquellos que viven lejos de Dios.

Al considerar los relatos evangélicos de cómo Jesús se acercó a las personas, se ve claramente que fue atrevido al romper los estereotipos que la religión judía había impuesto. En muchas ocasiones, atravesó barreras raciales, sociales y religiosas al punto de ser criticado. Consecuentemente la iglesia debe ser creativa para conectar con las personas enajenadas de la iglesia. También se requiere que sea "atrevida" para empolvarse y enlodarse los pies mientras busca a los perdidos. Una iglesia que no está dispuesta a salir de su comodidad e ir en busca de los que viven enajenados de Dios y subyugados por el pecado individual y estructural ha perdido su esencia y sentido de existencia.

El marco del siglo veintiuno tiene dos grandes escenarios: las urbes y las comunidades rurales, ambas con oportunidades y desafíos que se deben encarar con creatividad y, sobre todo, con compromiso.

Una misión urbana. Jesús sabía que debía alcanzar a todos y, aunque se identificó con los pobres y marginados, nunca olvidó las ciudades. De hecho, la mayoría de los eventos del ministerio de Jesús se desarrollaron en la ciudad. Enfrentó creativamente los desafíos de las ciudades; por eso lo vemos en los relatos evangélicos relacionándose con cobradores de impuestos, prostitutas, políticos, escribas y fariseos, entre otras personalidades propias de la ciudad.

Cumplir con la misión de Dios en este tiempo requiere considerar seriamente el fenómeno de las ciudades. Paredes analiza el movimiento en las sociedades contemporáneas y afirma que el mundo actual enfronta cambios profundos de inmensa envergadura: la sociedad urbana predomina en relación con la sociedad rural. La sociedad informática tiende a crecer y las sociedades industriales y agrícolas tienden a decrecer. La economía del mercado domina la economía mundial y la sociedad posmoderna con su espíritu relativista y emotivo predomina sobre la moderna. Además, afirma que al mismo tiempo se interrelacionan las sociedades premodernas, modernas y posmodernas, las que podrían

---

que no contribuyen a la edificación de la iglesia. Además, cada vez se hacen mayores esfuerzos por tener mejores instalaciones, lo cual en sí no es malo, pero deja ver cuál es la prioridad de las iglesias.

comprenderse con la analogía de las olas de Alvin y Heidi Tofler: las premodernas tienen que ver con comunidades agrícolas; las modernas, con la industria; y las posmodernas, con la revolución informática. En nuestra realidad latinoamericana se vivencian las tres "olas", que desafían la misión de la iglesia. Por ejemplo, las poblaciones agrícolas tienen sus propias características culturales. También apunta al hecho de los procesos de migración que hacen que la influencia sociocultural y económica de ese sector se deje sentir en las grandes urbes, lo cual seguramente plantea desafíos y oportunidades para realizar la misión de Dios.[50]

El mundo se está urbanizando cada vez más. Después de miles de años de civilización agraria, hay un éxodo del campo a la ciudad, lo que está configurando una nueva realidad, donde la industrialización, la urbanización, la tecnología y otros factores van creando nuevas formas de vida y culturas.[51] Este fenómeno ha hecho que la vida del hombre moderno en el aspecto social, cultural y religioso haya cambiado profundamente.[52] Frente a esta realidad, los cristianos están llamados a construir la ciudad como lugar de existencia, a participar responsablemente en la búsqueda de cambios que favorezcan la vida desde los principios del evangelio del reino de Dios.

De acuerdo con el estudio de Christian Lalive D´Epinay, el pentecostalismo es un movimiento religioso que no se caracteriza por ser eminentemente urbano ni rural, sino que manifiesta cualidades mixtas en su desplazamiento.[53] Sin embargo, para Chiquete, el pentecostalismo es un fenómeno urbano desde el momento en que la conducta, el imaginario religioso y sus feligreses se vieron sometidos a influjos de la ciudad; esta influencia marcó definitivamente su perfil eclesiástico y social.[54] Es decir, el pentecostalismo ha ido mutando con el paso del tiempo, adaptándose a las nuevas realidades sociales y al mover

---

[50] Tito Paredes, *El evangelio: Un tesoro en vasijas de barro* (Buenos Aires: Ediciones Kairós, 2000), pp. 195-197.

[51] Carlos María Galli, *Dios vive en la ciudad* (Barcelona: Biblioteca Herder, 2014), pp. 75-76.

[52] Yolanda Valero Cárdenas, *Catequesis urbana: Reflexiones y orientaciones para la catequesis de adultos en un contexto urbano* (Bogotá: Ediciones San Pablo, 2017), p. 19.

[53] Christian Lalive D´Epinay, *El refugio de las masas* (Santiago de Chile: Editorial del Pacífico, 1968), p. 32.

[54] Daniel Chiquete y Angélica Barrios, *Entre cronos y kairos: Estudios históricos y teológicos sobre el pentecostalismo latinoamericano* (Oregón: Publicaciones Kerigma, 2017), p. 18.

de Dios en las ciudades. Por lo tanto, es imperativo que se comprenda la cultura urbana, por lo que se describen conceptos que le son muy propios.

El término *cultura* viene de la misma raíz que *cultivo*; la cultura refiere a todas las actividades mediante las cuales el ser humano transforma o gobierna su ambiente. También es la herencia común de todo grupo social. En este sentido, la cultura representa toda una serie de gestos, símbolos y significados que le permite a un grupo humano comunicarse entre sí.[55] Además, la cultura está relacionada con el *culto*, que es el modo en que las personas responden al misterio; es la manera en que un grupo social interpreta y le da sentido a la vida y al mundo.[56]

De toda la creación, solo los seres humanos son productores de cultura, pues la cultura refiere a las actitudes, valores y formas de conducta aprendidas y compartidas.[57] Hay tres elementos para comprender una cultura, a saber: a) el comportamiento, mediante las elecciones que lo reflejan; b) los valores culturales, casi siempre relacionados con lo que es bueno, beneficioso o mejor; y c) las creencias, que reflejan lo que esa sociedad considera como verdad y condicionan la cosmovisión en el núcleo de cada cultura. La visión de cada individuo aporta un sistema de credos que se refleja en sus valores y comportamientos.[58]

Para Keller, la cultura incluye lengua, música y arte, costumbres culinarias y folclóricas. La cultura es la forma en la que vivimos en el mundo. La parte más profunda de la cultura es la cosmovisión, que es un grupo de creencias, valores, instituciones, costumbres y conductas. La cultura afecta cada decisión, cómo se expresan las emociones, cómo se relacionan los individuos, de qué manera se utiliza el poder social y cómo se conducen las relaciones entre géneros, clases y generaciones.[59]

En las ciudades, hay una cultura globalizada, es decir, hay varias culturas que coexisten, son dinámicas y están en interacción permanente. Por eso, la cultura urbana es híbrida, dinámica y cambiante, dado

---

[55] Justo González, *Culto, cultura y cultivo: Apuntes teológicos en torno a las culturas* (Lima: Ediciones Puma, 2008), pp. 38-39.

[56] González, *Culto, cultura y cultivo*, pp. 45-46.

[57] Stephen A., *Antropología cultural, una perspectiva cristiana* (Miami: Editorial Vida, 1997), p. 35.

[58] Jonatán Lewis, *Misión mundial. Tomo III* (Miami: Editorial Unilit, 1990), pp. 27-30.

[59] Timothy Keller, *Iglesia centrada. Cómo ejercer un ministerio equilibrado y centrado en el evangelio en la ciudad* (Miami: Editorial Vida), p. 98.

que amalgama múltiples formas, valores y estilos de vida. También hay culturas suburbanas, fruto de migraciones de población (en su mayoría pobre); allí los problemas de identidad y pertenencia, relación, espacio vital, oportunidades y desarrollo son más complejos.[60]

Para comprender la cultura urbana también hay que considerar lo que significa la ciudad como espacio para vivir y su relación con los estilos de vida. La ciudad expresa la obra del hombre y atraviesa la historia de la civilización. La ciudad es una forma de convivencia connatural con el hombre, que se genera por la concentración de personas y familias en zonas territoriales reducidas y condensadas. La ciudad es un modo de estar en el mundo y una comunidad coherente con la naturaleza social del hombre, quien es un ser personal llamado a convivir con otras personas.[61]

La ciudad es sinónimo de civilización, y por eso la sociedad urbana es industrial, científica, técnica, especializada;[62] «la modernidad se encarna en la ciudad y la ciudad simboliza la cultura moderna. Se habla de la ciudad moderna y la modernidad urbana».[63] En consecuencia, son las grandes ciudades las que están gestando e imponiendo un nuevo lenguaje y simbología para comprender y explicar la vida. En el mundo urbano suceden complejas transformaciones socioeconómicas, culturales, políticas y religiosas que tienen impacto en todas las dimensiones de la vida.[64]

También en las ciudades aumentan muchas formas brutales de inhumanidad y deshumanización.[65] López dice que la ciudad tiene luces y sombras, dado que concentra los grandes logros de la sabiduría humana, la tecnología y los centros de producción industrial así como los grandes problemas de la mala utilización de los logros humanos, como la contaminación, la explotación, las drogas y demás males sociales.[66] Por eso, la ciudad es un campo misionero; allí se han hecho discípulos y debemos continuar haciéndolos. Para los cristianos, hacer teología

---

[60] V Conferencia General del Episcopado Latinoamericano y del Caribe, Documento Conclusivo (Guatemala: Ediciones San Pablo, 2010), p. 27.

[61] Galli, *Dios vive en la ciudad*, p. 39.

[62] *Ibid*, p. 39.

[63] *Ibid*, p. 41.

[64] V Conferencia General del Episcopado Latinoamericano y del Caribe, p. 170.

[65] Galli, *Dios vive en la ciudad*, p. 42.

[66] Darío López, *La política del Espíritu. Espiritualidad, ética y política* (Quito: Ediciones Puma, 2019), p. 86.

de la ciudad significa pensar seriamente en la misión y la pastoral, lo cual incide significativamente en cómo se forman los discípulos de Jesucristo.[67]

Ahora bien, en la cultura actual, *posmodernidad* ha venido a ser el término que engloba la realidad de la urbe. Para Escobar, la cultura posmoderna significa el rechazo de los valores cristianos y un predominio del sentimiento y la revuelta contra la razón, el reavivamiento del paganismo en el culto al cuerpo y la búsqueda de formas cada vez más sofisticadas de placer. Los espectáculos deportivos y artísticos populares toman forma de celebraciones religiosas y sustituyen los servicios religiosos como alivio de la pesada rutina del trabajo y el deber.[68] Esta cultura posmoderna está condicionada por el relativismo, la cosificación y el materialismo, la espiritualidad sincretista y más sensorial que racional, entre otros elementos.

Cueva dice que la transición de la modernidad a la posmodernidad ha implicado cambios, en los que la razón, la ciencia y la tecnología han definido la comprensión del conocimiento y la cosmovisión del hombre, y han influenciado tres esferas de la actividad humana —la economía, la política y la cultura—, proveyendo una era de industrialización capitalista y progreso social. En contraste, la posmodernidad es una nueva fase de la humanidad en la que el individualismo y la experiencia personal definen la nueva cosmovisión del hombre y la sociedad. La sociedad es consumista porque la imagen define el significado de las cosas, la verdad y el conocimiento.[69]

Además, hay que reconocer que una característica de esta sociedad posmoderna es la velocidad con la que se hacen las cosas. La presencia de la tecnología en la vida cotidiana y la producción de servicios buscan ser más competitivos. La tecnología informativa define la nueva manera de pensar, no ya la tradición ni el conocimiento racional (porque los metarrelatos han sido abandonados).[70]

---

[67] José Comblin, *Teología de la ciudad* (Navarra: Editorial Verbo Divino, 1972), pp. 23-237.

[68] Samuel Escobar, *Cómo comprender la misión* (Buenos Aires: Ediciones Certeza, 2008), p. 94.

[69] Samuel Cueva, "¿Cómo hacer misiones en un mundo posmoderno?". En *V conferencia misionera. Seminario Teológico Centroamericano, 2010* (Guatemala: Geoprint, 2010), pp. 128-129.

[70] *Ibid*, p. 129.

La posmodernidad también ha causado impacto en la identidad de las personas. Cueva, citando a Richard Tiplady, explica que el concepto de identidad en la posmodernidad es más fluido, cambiable e inseguro, lo que genera más formas de fragmentación y dispersión.[71]

También debemos reconocer la incidencia de la posmodernidad en relación con la fe, pues el relativismo se deja sentir en un sincretismo o pluralismo religioso, entendido como la tendencia a aceptar toda opción religiosa como válida, siempre que lo sea para la comunidad o persona que la asume como suya. El pluralismo enarbola como criterio la verdad relativa y aun llega a desestimar la verdad a nivel de fundamentos, con tal que la experiencia religiosa sea auténtica y real para el adepto. Y el hermano gemelo de este pluralismo es el relativismo ético, que asume como criterio el bienestar, la comodidad o aun el placer de quienes lo experimentan. Cuesta precisar la frontera entre pluralismo, relativismo y tolerancia.[72]

La comprensión de la cultura posmoderna en las ciudades tiene como propósito contextualizar el evangelio para desarrollar un modelo eficiente de ministerio. La contextualización se refiere a «traducir y adaptar la comunicación y el ministerio del evangelio a una cultura en particular sin poner en peligro la esencia y los rasgos del evangelio mismo».[73] Esto implica considerar los metarrelatos de las personas y establecer conexiones para que el evangelio sea relevante en relación con las esperanzas, tristezas, sufrimientos y luchas de las personas.

También es importante considerar la relación de la religión y las sociedades, pues toda creencia religiosa se expresa en el comportamiento de los individuos que moldea su vida personal y social a partir de convicciones y valores, de acuerdo con su fe religiosa.[74] Por eso, ninguna religión opera en el vacío, sino en una realidad situada en un contexto humano específico. Quienes comparten una religión también comparten una vida colectiva, económica, afectiva, cultural y política.[75]

Para Yolanda Valero, el hombre de la ciudad es esencialmente activo y en consecuencia participativo; es creativo, dinámico, exigente, antitradicionalista, desmitificado, con gran espíritu democrático y cosmopolita. A la vez, es esclavo del tiempo, apresurado, ansioso y neurótico,

---

[71] Cueva, "¿Cómo hacer misiones…", p. 129.

[72] Meza, "¿Vino nuevo…", p. 70.

[73] Keller, *Iglesia centrada,* p. 97.

[74] Carlos Mondragón, *Leudar la masa* (Buenos Aires: Ediciones Kairós, 2005), p. 21.

[75] Otto Maduro, *Religión y conflicto social* (México: CEE, 1980), p. 78.

autosuficiente, masificado, individualista, extrovertido, familiarmente desintegrado y, por lo general, dislocado psicológica, social y geográficamente. Confía en la ciencia y en la tecnología, es influenciado por los medios de comunicación y por eso es consumista y audiovisual.[76]

La iglesia, como agente del reino en la ciudad, debe transformarla para que sea más humana, más promotora de vida. Sin embargo, a pesar del gran porcentaje de cristianos en las ciudades, todavía existen falencias. López dice que se debe a un problema de fondo, y es la comprensión que se tiene sobre la iglesia y su misión en el mundo. Para conocer la ciudad, su estructura política, las relaciones de poder y las corrientes de pensamiento que interactúan en su interior y que tienen un efecto directo o indirecto en la conducta personal y colectiva de los habitantes de las grandes urbes se necesita conocer y utilizar sabiamente el instrumental que nos proporcionan las diversas ciencias sociales.[77]

Hay razones obvias por las que Jesús se relacionó con las ciudades, pues en ellas están confinadas las grandes multitudes y los cambios y tendencias más decisivos se generan en su mayoría en la ciudad, por cuanto en ellas radican las personas que ostentan el poder político, religioso, social, económico y cultural.

Debemos hacer una lectura teológica de la ciudad. Para eso deben considerarse las variables sociales, económicas, culturales, educacionales y tecnológicas, entre otras.

Un gran desafío que enfrenta la iglesia en misión es el hecho de que las ciudades cambian vertiginosamente mientras que los modelos misionales y de iglesia siguen expresándose "en diferido". Existe una necesidad de caminar al ritmo de Dios en la ciudad, pues Dios vive en la ciudad y tiene comportamientos y actuaciones que la iglesia debe comprender para ejecutar la agenda redentora que se está llevando a cabo.[78]

También se requiere una liturgia con una predicación contextualizada que presente el mensaje del evangelio en claves urbanas y

---

[76] Yolanda Valero, *Catequesis urbana: Reflexiones y orientaciones para la catequesis de adultos en un contexto urbano* (Bogotá: Ediciones Paulinas, 2010), p. 25.

[77] López, *La política del Espíritu*, p. 94.

[78] El lector podría ampliar su comprensión sobre la misión en las urbes en las siguientes obras: Carlos Galli, *Dios vive en la ciudad* (Barcelona: Biblioteca Herder, 2014); Juan Simarro, *Desde el corazón de la ciudad* (Viladecavalls: Editorial CLIE, 1993); Raymond Bakke, *Misión integral en la ciudad* (Buenos Aires: Ediciones Kairós, 2002); Darío López, *La política del Espíritu: Espiritualidad, etica y política* (Lima: Ediciones Puma, 2019); Timoty Keller, *Iglesia centrada* (Miami: Editorial Vida, 2012).

contemporáneas. Muchas iglesias en las ciudades tienen una agenda con matices rurales y no logran conectar, especialmente con las generaciones emergentes, lo cual pone en peligro el futuro de la iglesia, como ha sucedido en las ciudades industrializadas, especialmente de Europa.

Una misión rural. Jesús también se acercó a las aldeas, abandonó la comodidad que podría brindarle la ciudad y corrió los peligros que implicaba la misión rural.

De igual manera, enfrentó los desafíos propios de las aldeas, tales como la miseria y la pobreza, la enfermedad y la exclusión. En más de una ocasión tocó a las personas que necesitaban de una mano cálida, y dignificó a aquellos a los que la sociedad, la religión y el poder político habían olvidado.

Los sistemas de gobierno habían vedado la oportunidad de desarrollo a muchas comunidades, pero Jesús les abrió la puerta del reino de los cielos, pues para Dios no hay discriminación alguna.

La misión en las áreas rurales implica propiciar el desarrollo integral y asegurar condiciones para una vida digna. Para esto será necesario integrar a la agenda misional la alfabetización, proyectos de salubridad e higiene, atención a niños y personas en riesgo, viviendas en lugares peligrosos, entre otros desafíos.

El hecho de que Jesús recorriera ciudades y aldeas implica que la iglesia debe movilizarse hacia todos los lugares, a todas las etnias del mundo, en todas las épocas y bajo cualquier circunstancia; tal como lo declaró Jesús: «Cuando venga sobre ustedes el Espíritu Santo recibirán poder, y serán mis testigos en Jerusalén, en Judea, en Samaria, y hasta lo último de la tierra» (Hechos 1:8 RVC). La iglesia en misión es aquella que siempre está desplazándose en todas las direcciones, es la que deja la comodidad para encarnarse en la realidad de las personas a las que quiere ministrar, la que siempre está dispuesta a usar los recursos financieros y humanos para demostrar el amor de Dios.

La iglesia cobra relevancia cuando se extiende para tocar y servir a los demás; por eso debe movilizarse para recorrer las calles, tanto de la ciudad como de las aldeas, encarando los desafíos y aprovechando las oportunidades que se presentan. Recorrer los caminos de la misión implica atravesar las barreras ideológicas, religiosas, culturales y sociales de las personas que están a nuestro alrededor.

La misión de Dios debe llevarse a cabo en todos los ambientes de convivencia humana, en aldeas y ciudades. Por eso, la misión necesariamente implica una iglesia en "salida", actitud que Dios requiere de cada iglesia local y de cada discípulo. Siempre el envío de Dios implica movilización.

Los relatos evangélicos muestran que Jesús siempre estuvo movilizándose y el escritor de Marcos lo registró de manera contundente: «Vayamos a las aldeas vecinas, para que también allí predique, porque para esto he venido» (1:38). Tanto las urbes como las comunidades rurales tienen sus propios desafíos como oportunidades que van dando color y sabor a la misión de Dios. Por eso, para llevar a cabo la misión se requiere de una iglesia creativa, entusiasta y comprometida.

Esta perspectiva de la misión también representa un desafío: el de ver a todas las personas como objetos del amor de Dios y candidatos para la salvación. Sin embargo, en el subconsciente de los cristianos hay grupos que parecieran no importarle a Dios. Pero las Escrituras dicen lo contrario; por ejemplo, Mateo presenta a Jesús como el Mesías para los judíos (1:17; 2:2-6; 21:4-9, 27, 37) y para los gentiles (2:23; 4:15, 16; 12:18-21). Ya el primer capítulo, presenta a Jesús en la línea genealógica de Abraham (1:17), y el capítulo segundo presenta a los gentiles en las figuras de los "magos del Oriente" que vienen para adorar «al rey de los judíos que ha nacido» (2:1). El Mesías vino a «Galilea de los gentiles» para alumbrar a los que estaban en tinieblas (4:15, 16). En Él se cumple la promesa de Isaías sobre el siervo que «anunciará justicia a los gentiles» y en cuyo «nombre esperarán las naciones» (Isaías 42:1-4; Mateo 12:18-21).

El que derramó su sangre «por los muchos» (hebraísmo que significa *todos*) dio la comisión de manera categórica en sentido universal: «Toda potestad» y «todas las naciones», es decir, no hay exclusiones. Esta idea es coherente con toda la proclamación y enseñanza de Jesús sobre el reino universal: «Pero los hijos del reino serán arrojados a las tinieblas de afuera. Allí habrá llanto y rechinar de dientes» (Mateo 8:12 RVC). La invitación a las bendiciones del reino es para todos: «Vengan a mí todos ustedes, los agotados de tanto trabajar, que yo los haré descansar» (Mateo 11:28 RVC).

Entonces, la iglesia debe desarrollar un modelo misional y ministerial que tenga la capacidad de ministrar a todas las personas y en todos los contextos.

4.2. Una misión *kerigmática*: Anuncio de la llegada del reino de Dios

La segunda indicación de Mateo es que Jesús predicaba el evangelio del reino (9:35b). Para llevar a cabo la misión de Dios, es imprescindible la predicación del evangelio. El término utilizado por Mateo para designar esta predicación encuentra su raíz etimológica en el término griego *kerigma*, que significa proclamación o publicación de algo que exige una respuesta positiva.

El mensaje que Jesús portaba era una buena noticia que debía proclamarse con urgencia y denuedo. Así lo comprendieron sus primeros discípulos; por eso proclamaron el evangelio con ahínco (Hechos 5:29) e incluso estuvieron dispuestos a morir.

Al leer los textos que describen la predicación de Jesús, se puede notar claramente que su mensaje central era la llegada del reino de Dios, lo cual tiene algunas implicancias misionológicas.

Primero, que la predicación de Jesús era un llamado al arrepentimiento (Mateo 4:17; Marcos 1:15). La predicación del evangelio llama a un encuentro con Dios que resulta en un cambio de vida. Para que este cambio se dé, es necesario el arrepentimiento, que implica un cambio de mentalidad, intereses y conducta.

Para que suceda el arrepentimiento, es necesaria la predicación sobre la persona de Jesucristo, porque todo aquel que se encuentra con Él se dará cuenta de que es un pecador que necesita cambiar de dirección en la vida. Por eso Lucas dice: «Y que en su nombre se predicara el arrepentimiento y el perdón de pecados en todas las naciones, comenzando por Jerusalén» (Lucas 24:47 RVC).

El arrepentimiento es necesario para el perdón de pecados y solo Jesucristo puede perdonar, porque solo Él murió por los pecados del mundo. La iglesia no puede callar este mensaje, debe proclamarlo a todo el mundo con premura porque es la vía para la redención del pecador.

Segundo, que el anuncio de la llegada del reino de Dios significa que Dios irrumpe en la historia, interviene en la vida de las personas y esa irrupción se experimenta en las estructuras sociales donde las personas interactúan. Es decir, la injerencia de ese reino repercute en la vida completa.

Lucas 4:18, 19 describe cómo interpreta Jesús la misión de predicar el evangelio del reino: «El Espíritu del Señor está sobre mí. Me ha ungido para proclamar buenas noticias a los pobres; me ha enviado a proclamar libertad a los cautivos, a dar vista a los ciegos, a poner en libertad a los oprimidos y a proclamar el año de la buena voluntad del Señor» (RVC). Hay declaraciones significativas en este texto que ameritan comentario:

- «El Espíritu del Señor está sobre mí»: esta declaración indica unción y poder. El hecho de que el Espíritu Santo estuviera sobre Jesús aseveraba que era el Mesías. El Espíritu empoderó a Jesús para la misión de liberación (salvación), actividad propia del Mesías esperado.

  Existe un paralelo entre Jesús y la iglesia: la iglesia ha sido empoderada por el mismo Espíritu para continuar la misma misión. La "unción del Espíritu" es de carácter vocacional, es decir, su poder opera en los cristianos para el cumplimiento de la misión de Dios. Misión y poder representan un binomio necesario para la iglesia de hoy. La misión no puede realizarse sin la acción del Espíritu de Dios, y el poder del Espíritu de Dios solo puede comprenderse en toda su dimensión cuando se interpreta en el contexto de la misión.
- «Anunciar buenas nuevas»: la buena noticia se refiere a la cercanía de Dios, anuncia que el reino de los cielos está cerca o es accesible a todos y no solo a una élite religiosa. Dios se ha acercado al hombre a través de la encarnación de su Hijo y ha irrumpido en la historia humana redimiendo a la humanidad del pecado y liberándola para una nueva vida.

  Hoy Dios se acerca al mundo a través de la iglesia; por eso ella debe ser portadora de las buenas nuevas de Dios en palabras y hechos. La iglesia no es una asociación religiosa, sino un agente de buenas nuevas para toda la creación.
- «Sanar a los quebrantados de corazón»: Dios ha venido a través de Jesucristo y ahora continúa su obra a través de la iglesia para sanar a los que padecen las consecuencias del pecado. No se trata, pues, de un simple anuncio, de una utopía irreal: se trata de la acción de Dios que sana el corazón de cualquier empedernido y lo capacita para vivir con dignidad.

  Entonces, la misión de la iglesia implica una expresión terapéutica, una misión que restaura la vida emocional, psíquica, relacional, financiera, social, física y espiritual.

- «Liberar a los cautivos»: a través de Jesús, Dios no solo vino a sanar a los quebrantados; también liberó a los esclavos del pecado para que pudieran experimentar una nueva vida (Juan 10:10) y nunca más estuviesen en esclavitud. Hay una posibilidad de vencer los poderes destructivos del pecado: Jesucristo. «Dios les ha dado vida juntamente con él, y les ha perdonado todos sus pecados. Ha anulado el acta de los decretos que había contra nosotros y que nos era adversa; la quitó de en medio y la clavó en la cruz. Desarmó además a los poderes y las potestades, y los exhibió públicamente al triunfar sobre ellos en la cruz» (Colosenses 2:13-15 RVC). La libertad en Cristo es la facultad para edificar una nueva vida, con un nuevo rumbo que conduce a la construcción de una nueva sociedad.
- «Dar vista a los ciegos»: esto implica tanto ciegos espirituales como físicos. Aquellos que iban en contra de la voluntad de Dios recibieron luz a través de Jesús —«el que me sigue, no andará en tinieblas, sino que tendrá la luz de la vida» (Juan 8:12 RVC— para ver el rostro de Dios y conocer la verdad que hace libre —«vimos su gloria (la gloria que corresponde al unigénito del Padre), llena de gracia y de verdad» (Juan 1:14 RVC)—. Millones de personas a nuestro alrededor van por la vida sin dirección, ciegos por su egoísmo, esclavos por el dinero que los ha cosificado, por la avaricia destructiva y otros males más que les impiden "ver" que la auténtica vida está en Jesús.
- «Dar libertad a los oprimidos»: la proclama contra las injusticias sociales era parte de la agenda misional de Jesús. Su mensaje no era solo para el espíritu, sino que abarcaba toda la vida humana.

  El mensaje de la iglesia también debe afectar las estructuras sociales injustas que denigran la vida humana, pues la transformación social es evidencia de la llegada del reino de Dios; donde se predica el evangelio, naturalmente hay transformación en las personas y las estructuras sociales.[79]
- «Predicar el año agradable del Señor»: esta declaración encuentra su correlato en el jubileo, una fiesta judía que permitía la recuperación de bienes, el perdón de deudas y la liberación social de los esclavos. Esto indica la posibilidad de recuperar la vida

[79] Ver Erick Tuch, *Misión y transformación social: Una perspectiva pentecostal* (Oregón: Publicaciones Kerigma, 2017).

> y la posibilidad de un mejor futuro. Hay un futuro glorioso para el pueblo de Dios que comienza ahora, en el encuentro personal con Jesucristo, aunque la esperanza que la iglesia proclama está en un cielo nuevo y una tierra nueva, donde Dios «vivirá con ellos, y ellos serán su pueblo, y Dios mismo estará con ellos y será su Dios. Dios enjugará las lágrimas de los ojos de ellos, y ya no habrá muerte, ni más llanto, ni lamento ni dolor; porque las primeras cosas habrán dejado de existir» (Apocalipsis 21:3, 4 RVC). Hay que considerar que esa vida comienza aquí. De hecho, probablemente quien no aprende a vivir en esta tierra, no tiene derecho a heredar la venidera.
>
> ¡El año agradable del Señor comienza aquí y ahora! ¡Estas son buenas noticias que todas las personas de todo el mundo deben saber! La iglesia debe dejar la actitud egoísta y compartir lo que de gracia recibió. Muchas iglesias locales han olvidado la misión que Dios ha encomendado. Cuando la iglesia pierde la perspectiva de su misión deja de ser la iglesia de Cristo para constituirse en una secta religiosa.

Tercero, que la predicación anuncia a Jesús como Señor. Padilla afirma que los eruditos del Nuevo Testamento señalan que la confesión «Jesucristo es el Señor» fue fundamental para la iglesia primitiva, el criterio a la luz del cual se definía la relación de las personas tanto con Dios como con la comunidad de fe. Esto explica por qué los escritores prefieren usar el término *kyrios* (Señor) para referirse a Jesucristo. Esa confesión se convirtió en una síntesis de la fe y del mensaje de la iglesia primitiva. La confesión «Jesús es Señor» es el reconocimiento de su soberanía sobre la totalidad de la vida humana y sobre toda la creación.[80]

El señorío de Jesús está vinculado a la proclamación y manifestación del reino de Dios. El señorío de Jesucristo es la base tanto de la vida comunitaria de la iglesia como de su misión en el mundo. Por cuanto Jesucristo es el Señor de todo el universo, Él debe ser proclamado como tal en todas las naciones y en todas ellas debe llevarse a cabo la formación de discípulos que confiesan su nombre y viven a la luz de esa confesión.[81]

---

[80] René Padilla, "Una eclesiología...", pp. 15-17.

[81] *Ibid*, p. 21.

Reafirmar el señorío de Jesucristo en todas las áreas de la vida humana es un reto de la evangelización contemporánea.

4.3. Una misión pedagógica: Enseñar a vivir en plenitud

La tercera mención que Mateo hace de la misión de Jesús refiere a la acción pedagógica: «Enseñando en las sinagogas de ellos...» (Mateo 9:35). Jesús dedicó mucho tiempo a enseñar y cuando ascendió a la diestra del Padre ordenó a sus discípulos que fueran por todo el mundo y enseñaran todas las cosas que él había enseñado (Mateo 28:20).

La misión de la iglesia no es únicamente predicar, también incluye una función pedagógica. Es decir, debe enseñar a hombres y mujeres que en fe reconocen a Jesús como Señor a vivir de acuerdo a los principios y valores del reino de Dios.

La enseñanza está vinculada con la evangelización y tiene el propósito de formar el carácter. La enseñanza cristiana busca la trasformación de vida que se da en un proceso de aprendizaje a través de conceptos y experiencias que producen madurez emocional y espiritual. En este sentido, la educación cristiana está vinculada a la evangelización, pues existe la necesidad de aprender a pensar y vivir según el evangelio de Jesucristo.

La evangelización debe entenderse como un proceso en el que las personas deben aceptar el evangelio como nuevo paradigma de vida. La evangelización no es solamente presentar el evangelio, sino ayudar a las personas para que lo comprendan, a fin de que piensen y vivan según el evangelio; todo esto implica reeducar para vivir, pues el evangelio no es algo que solo debemos creer, sino un nuevo estilo de vida.

Tal idea implica redefinir la evangelización y vincularla con el proceso de reeducar a las personas. La evangelización es el proceso de proclamar la Palabra de Dios en diferentes contextos, dando a cada persona la oportunidad de reorientar su vida hacia Dios. La confronta con sus pecados, la llama al arrepentimiento para volverse a Dios y la invita a vivir en obediencia y sujeción al señorío de Cristo. Por consiguiente, quien evangeliza y enseña debe conocer bien las Escrituras; de lo contrario enseñará un evangelio parcial, con los elementos de una cultura religiosa (denominación) o una experiencia personal (subjetividad). En el peor de los casos, se proclama un evangelio legalista.

Para evitar estos errores, debe interpretarse correctamente el mensaje del evangelio.

Esto representa un gran desafío, pues muchos de los cristianos que realizan la misión no han sido reeducados por el evangelio; a pesar de que confiesan conocer a Jesús, sus acciones y carácter lo niegan.

Mateo deja en claro que la tarea pedagógica es parte de la misión; por eso dice que Jesús mandó a sus discípulos a que fueran por todo el mundo a enseñar lo que habían aprendido.[82]

4.4. Una misión terapéutica: Sanar toda dolencia

Mateo también indica que Jesús sanó a los enfermos y dolientes (9:35). Jesús enfocó su ministerio en todas las áreas de la vida, porque, en palabras de René Padilla, «cada necesidad humana es un campo misionero».

Jesús liberó del poder del pecado, la enfermedad y el hambre, dignificó a los marginados e incluyó en su proyecto de salvación a los discriminados por el sistema social, económico y religioso. Su ministerio fue integral.

Las enfermedades que flagelan a los seres humanos son muchas: emocionales, físicas, espirituales y mentales. Afortunadamente Jesús puede sanarlas a través del ministerio de la iglesia.

La iglesia, como continuadora del ministerio terrenal de Jesucristo, debe tener un mensaje que se traduzca en acciones concretas que propicien sanidad, tal como plantea Santiago: «Si un hermano o una hermana están desnudos, y no tienen el alimento necesario para cada día, y alguno de ustedes les dice: "Vayan tranquilos; abríguense y coman hasta quedar satisfechos", pero no les da lo necesario para el cuerpo, ¿de

[82] El Evangelio de Mateo está organizado para ser usado como texto de enseñanza. Jesús es presentado como Maestro con autoridad (7:29); la misión se define como enseñar «a que observen todas las cosas que os he mandado» (28:20). Todo el Evangelio tiene un tono didáctico, reiterativo, y está organizado en forma de temas generales. Ya por bastante tiempo se ha afirmado que el material didáctico de Mateo está dividido en cinco discursos que corresponden a colecciones de dichos de Jesús en temas cruciales de su mensaje, precedidas y seguidas por material narrativo sobre acciones de Jesús. Este material, sin duda, constituía un manual para maestros y líderes de las iglesias locales, para su trabajo misionero con judíos y gentiles. Mortimer Arias y Eunice Arias, *El último mandato*: *La gran comisión, relectura desde América Latina* (Bogotá: Ediciones Clara-Semilla, 2003), pp. 25-27.

qué sirve eso?» (Santiago 2:15, 16 RVC). ¡De nada! Por tanto, la sanidad implica recuperar las condiciones óptimas para la vida.

La sanidad física es parte de la misión de Dios, pues está incluida en la salvación que Jesucristo ofrece al mundo. Esta sanidad puede ser propiciada mediante el ejercicio de los dones que el Espíritu de Dios ha otorgado a la iglesia. También puede ofrecerse mediante el ejercicio de las habilidades de los profesionales de la salud.[83] En ambos frentes hay una participación directa de la iglesia como comunidad.

4.5. La compasión como motivación para la misión

Mateo dice que Jesús alzó sus ojos hacia las multitudes y vio sus necesidades: estaban como ovejas sin pastor y tuvo compasión, ¡sufrió con ellos, sintió como sentían ellos! (9:36). Es la compasión y no la competencia la que debe movilizar a líderes y a la iglesia a cumplir la misión que Dios ha delegado. La iglesia debe alzar los ojos hacia los millones de hombres y mujeres que viven sin esperanza y alcanzarlos con el amor de Dios.

Jesús fue movido a actuar por la compasión que despertaron las multitudes desamparadas, no como un estadista interesado únicamente en el crecimiento numérico de su movimiento. Aquellas multitudes necesitaban un pastor que las cuidara y orientara en la vida; lo mismo sucede ahora. Por eso, la misión de Jesús fue orientada a todo tipo de personas; con sobrada razón, Mateo presenta una misión global y universal donde grandes y pequeños, pobres y ricos, judíos y no judíos, todos son parte del reino de los cielos.

Fue en este contexto que Jesús pidió obreros para recoger la mies (vv. 37, 38). Por tanto, los discípulos de este tiempo son llamados y comisionados para colaborar con Dios en su proyecto. Es decir, debemos recorrer todo el mundo para predicar, para enseñar y para sanar toda enfermedad, movidos por una obediencia compasiva.

4.6. El reino de Dios como horizonte de la misión

Para los evangelistas, la realización del reino de Dios es parte esencial de la misión y el mensaje de Jesús. Allí se cristaliza la misión de Jesús.

[83] Ver Erick Tuch, "Alternativas del ministerio social de la iglesia". En *Misión y transformación social: Una perspectiva pentecostal* (Oregón: Publicaciones Kerigma, 2017).

Por eso, según Mateo, el primer bloque de enseñanzas que Jesús da, conocido como *sermón del monte*, se centra en el reino de Dios.

Mortimer afirma que el ministerio de predicación, enseñanza y sanidad de Jesús es el ministerio del reino (4:23; 9:35). Los discípulos, después de las enseñanzas y actuaciones del reino de Jesús (caps. 5–7), son llamados a compartir en el ministerio del reino a Israel: «Y yendo predicad, diciendo: El reino de los cielos se ha acercado... sanad enfermos... echad fuera demonios» (10:7, 8). Este nuevo orden (el reino de Dios) es explicado en términos de justicia personal y de justicia global.[84]

También para Marcos, el reino es un tema central; por eso aparecen 14 referencias al respecto. En Marcos 1:15, pareciera que el autor intencionalmente coloca en labios de Jesús un mensaje inaugural, donde se anuncia la llegada del reino y su manifestación en la persona y el ministerio de Jesús. Hay una denuncia al orden que hay en el mundo porque no se corresponde con lo establecido por Dios; por eso, en su mensaje Jesús llama al arrepentimiento y a creer en el evangelio, lo que implica un llamado a ponerse en sintonía con la voluntad de Dios.

La predicación del reino de Dios tiene muchas implicancias; según Mortimer, el reino es global y multidimensional, y por eso debía ser anunciado en forma integral: mediante la predicación, la enseñanza, la sanidad, el exorcismo, el llamado y la formación de discípulos, la alimentación de los que tenían hambre, la consolación y la confrontación contra los poderes del mal. Para Marcos, hay una unidad inseparable entre la palabra y la acción de Jesús, ya sea en los exorcismos (1:21, 23-28), en los debates con las autoridades religiosas —respondiendo con palabras y acciones (2:1-12; 3:1-6)—, en enseñanza, predicación y sanidades, e incluso cuando comisionó a sus discípulos para esta proclamación integral (1:39; 3:14; 6:2, 12, 30).[85]

Como era de esperarse, el anuncio y la manifestación de un nuevo reino naturalmente implicó la confrontación con los otros poderes, pues, cuando Jesús sanaba, esto generalmente implicaba un juicio y una amenaza para las prácticas, creencias, leyes y poderes establecidos. Sus acciones de compasión derivaron en controversia y confrontación. Usando lenguaje apocalíptico, Jesús puso nombre a esta confrontación: una guerra contra los poderes del antirreino: «Atar al hombre fuerte

[84] Arias y Arias, *El último mandato*, p. 32.

[85] *Ibid*, pp. 62-63.

para saquearlo» (Marcos 3:27).[86] Esta confrontación fue motivada por el amor, la justicia, la verdad y la solidaridad, cualidades que describen la auténtica vida que Dios da a través de Jesucristo (Juan 3:10).

Los Evangelios sinópticos concuerdan en que Jesús anunció la llegada del reino de Dios. Por ejemplo, Lucas 7:18-23 narra que Juan el Bautista quiere asegurarse de que Jesús es realmente el Mesías y manda a preguntarle al respecto. Jesús responde a Juan remitiéndolo hacia los milagros que está operando: «Vuelvan y cuéntenle a Juan lo que han visto y oído: Los ciegos ven, los cojos andan, los leprosos son limpiados, los sordos oyen, los muertos son resucitados, y a los pobres se les anuncian las buenas noticias» (v. 22 RVC). Según esta afirmación, Jesús es la personificación del reino de Dios y los milagros son las credenciales que lo autentican. La iglesia, entonces, tiene como horizonte de su misión anunciar y manifestar el reino de Dios. Así lo afirma Ladd:

> Mediante la proclamación de las buenas nuevas, los discípulos produjeron las señales del reino al sanar a los enfermos, echar fuera demonios y librar a hombres del poder satánico... de este modo el reino de Dios estaba obrando entre los hombres no solamente en la persona de nuestro Señor, sino también a través de sus discípulos conforme traían ellos la palabra y las señales del reino a las ciudades.[87]

Aunque la iglesia no es el reino, ambos mantienen una estrecha relación porque la iglesia es el agente que Dios ha equipado con su Espíritu para manifestar el reino de Dios. A pesar de la existencia del pecado, el reino de Dios está entre nosotros, y es manifestado a través de la iglesia.

Tener el reino de Dios como horizonte de la misión implica proclamar a Jesús como Señor de todo y de todos. Precisamente por esto, no puede existir una separación entre el anuncio de Cristo y el anuncio del reinado de Dios. No hay ni puede haber un Cristo sin reinado; anunciar a Jesús como Señor es anunciarlo como el ungido que ha comenzado a ejercer el reinado de Dios en la historia. Es por Jesucristo que se participa de los beneficios del reino de Dios.

---

[86] Arias y Arias, *El último mandato*, p. 63.

[87] George Ladd, *El Evangelio del reino* (Miami: Editorial Vida, 1985), p. 119.

Una misión orientada por la teología del reino implica la manifestación del poder de Dios a favor del ser humano. Donde el reino de Dios es establecido a través de la iglesia, los poderes de las tinieblas son expuestos y contrarrestados.

> El poder del reino de Dios se deja sentir en los otros poderes. Sean estos espirituales, políticos, culturales, económicos y demás. Es más, son relegados porque Jesucristo es el único Señor, quien está configurando una nueva sociedad... También la manifestación del reino de Dios transforma paradigmas mentales, estilos de vida, reorienta prioridades, ¡produce un cambio extraordinario![88]

En conclusión, la misión de la iglesia es continuar con el ministerio terrenal de Jesús: una misión holística, que ve cada realidad humana como campo misionero y que tiene como meta final el establecimiento del reino de Dios en toda la vida humana. Esto implica anunciar y establecer el señorío de Cristo en todas las expresiones de la vida humana, ya sea política, finanzas, ecología, relaciones humanas, familia, vida privada o pública. ¡Nada queda excluido del señorío de Cristo!

4.7. Hacia una misión integral pentecostal

Para los pentecostales, la misión de Dios está orientada a la construcción del reino de Dios en esta tierra con miras a la eternidad. Por eso, la misión está orientada a la transformación de la persona humana, como también a la transformación de su realidad histórica.

En los últimos años, los pentecostales han estado construyendo su teología misionológica con interesantes propuestas. Han integrado muy bien las aportaciones de la misión integral y el contexto con la acción del Espíritu Santo, ejecutivo de la misión.[89]

Los pentecostales han tenido como objeto de su misión a las personas pobres, marginadas, desempleadas, con vicios y otros males, a

[88] Tuch, *Misión y transformación*, p. 61.

[89] Para ampliar la comprensión de la misión integral pentecostal, ver Erick Tuch. *Misión y transformación social: Una perspectiva pentecostal* (Oregón: Publicaciones Kerigma, 2017); Miguel Álvarez, *Teología de la misión* (Tennessee: CTP Press, 2019); Darío López, *Pentecostalismo y misión integral* (Lima: Ediciones Puma, 2008).

quienes les han dado esperanza y para quienes las comunidades pentecostales han servido como vínculo familiar.

Los pentecostales han leído el contexto y a partir de esa realidad han construido modelos misionales. Por eso, para los pentecostales, realizar la misión implica la asistencia social; hay muchos huérfanos, viudas, desempleados, enfermos y víctimas de violencia doméstica y social a quienes extender una mano.

Pero los pentecostales no se quedan en la arena movediza del asistencialismo. En los últimos años, la misión pentecostal ha comenzado a incursionar en la transformación social. Por ejemplo, han integrado a su misión programas de desarrollo para niños de alto riesgo, programas de alfabetización y educación formal, capacitación técnica e incluso algunos líderes están ya incursionando en la política, tanto en cuestiones comunitarias como en la política partidaria.

El pentecostalismo, afirmó Batista, «ha significado una propuesta alternativa de misión para la iglesia cristiana... el pentecostalismo desafió y cambió la racionalidad de la fe, el sentido de misión y el propio concepto de ser iglesia... el pentecostalismo (centró su misión) alrededor del Espíritu y la transformación de la comunidad de fe».[90] Precisamente por eso, creo que la comunidad pentecostal es una alternativa para las sociedades contemporáneas. Si la espiritualidad pentecostal sale de las paredes del templo con más ímpetu, de seguro podrá transformar las sociedades y el reino de Dios se dejará sentir con mayor fuerza en nuestra realidad histórica.

---

[90] Israel Batista, *El Espíritu Santo sorprende a las iglesias pentecostales: Desafíos y dilemas para una agenda de misión en el siglo XXI* (Quito: Editorial Semisud, 2009), p. 9.

5

Mas no será así entre ustedes

Necesidad de modelos bíblicos de liderazgo

Dios lleva a cabo sus propósitos a través de líderes; por eso, la principal tarea de los líderes es diseñar el futuro, guiados por la visión de Dios.

Mateo ofrece una narrativa que describe la naturaleza y el propósito del liderazgo. El contexto es muy descriptivo de la realidad actual: Jacobo y Juan quieren aprovecharse de su cercanía con Jesús para obtener un puesto prominente en el reino "mundano" que, según ellos, Jesús establecería en poco tiempo (Mateo 20:20).[91] Ellos buscaban posiciones para señorear, tal como la sociedad judía proponía. En un contexto de poder y abuso, era fácil para ellos dejarse seducir por el poder.[92] Jesús aprovechó la ocasión para enseñarnos un modelo de liderazgo que surge de la irrupción del reino de Dios y que, en consecuencia, desafía muchos paradigmas convencionales sobre el gobierno y el liderazgo en la iglesia y la sociedad.

La versión de Lucas dice que hubo una disputa entre ellos (Lucas 22:24). La inconformidad giraba en torno a quién tendría la posición de más privilegio. En ellos afloró la naturaleza humana egoísta que busca

---

[91] Los discípulos esperaban que Jesús estableciera un reino político que derrocara el poder militar de Roma y les devolviera la gloria que habían experimentado en el reinado de David. El contexto del relato dice que estaban cerca de Jerusalén y ellos pensaban que el reino de Dios se manifestaría inmediatamente (Lucas 19:11).

[92] La sociedad judía estaba dañada por el deseo de poder. Fariseos y saduceos, los grupos religiosos de mayor influencia, buscaban controlar el sanedrín, y las familias sacerdotales querían el favor del César para optar al cargo de sumo sacerdote.

poder para controlar a los demás, para tener más beneficios sobre otros y ser servidos por los más vulnerables. Como era de esperarse, Jesús no aprobó tal actitud y criticó a quienes ejercen autoridad para oprimir (Lucas 22:25); además, estableció principios éticos para ejercer la autoridad dentro del reino de Dios, los cuales contradicen los sistemas mundanos egoístas. López dice al respecto:

> Los ciudadanos del reino deben olvidarse de los rangos. Esto es así, porque en la comunidad de discípulos la pirámide del poder se invierte. Ya que la grandeza, cuya base es el amor sacrificial expresado en el servicio desinteresado al prójimo, consiste en darse a sí mismo, para que otros puedan disfrutar de la plenitud de vida que el evangelio ofrece. Por eso Jesús no llamó a sus discípulos para que ellos sean *kyrios* (señores), sino *diákonos* (ministros o servidores) y *doulos* (siervos), poniéndose él mismo como paradigma o modelo concreto.[93]

Efectivamente, la Biblia señala que la naturaleza del liderazgo debe ser distinta a los criterios mundanos, y establece el reino de Dios como marco contextual para ejercer el liderazgo.

Desafortunadamente, la iglesia, al igual que aquellos discípulos, padece estas luchas de poder. El egoísmo humano continúa presente en la forma en que se ejerce la autoridad otorgada a quienes ostentan el poder en sus diferentes formas. Por ejemplo, es común que familiares de los líderes estén en varios puestos; algunos tienen competencias para realizar ciertas funciones mientras que otros no. Además, se los puede ver beneficiando a cierto círculo afín a ellos. Hay quienes utilizan el puesto y celebran actividades para promover su imagen, dejando de lado los intereses del reino de Dios y el desarrollo de los demás.

Las sociedades como la iglesia siempre han necesitado de líderes, pues son ellos los que determinan el futuro; son quienes marcan el paso, establecen la visión y dirigen a los demás hacia el cumplimiento de los propósitos de Dios. Por eso, es necesario considerar los principios bíblicos del liderazgo desde la perspectiva del reino de Dios.

Ya que los líderes determinan lo que sucede en una organización, sin un liderazgo renovado no será posible renovar la iglesia, dado que

[93] Darío López, *La misión liberadora de Jesús* (Lima: Ediciones Puma, 2004), pp. 160-161.

la renovación comienza con los líderes, que son los que gestan y dirigen los procesos transformacionales.

Jesús establece que sus discípulos deben ejercer el liderazgo de forma diametralmente opuesta al sistema del mundo. Define el liderazgo como sinónimo de servicio y pide imitar el ejemplo de su propia vida sacrificada por el bien de la humanidad. El liderazgo no es entonces una posición para el provecho propio, para el engrandecimiento personal o la autosatisfacción, sino para servir a los demás. Pero hay que tener en claro que el servicio tiene como fin transformar a las personas a quienes se sirve. Por eso, el liderazgo cristiano no se fundamenta en el poder, sino en el amor que nos convierte en servidores de los demás. De allí que el liderazgo no sea simplemente una destreza a desarrollar, sino un llamado de Dios para bendición de los demás. Esta perspectiva en ningún momento anula la necesidad de aprender y desarrollar competencias; más bien afirma la naturaleza del liderazgo cristiano como un ministerio para el beneficio del cuerpo de Cristo.

5.1. Importancia del liderazgo en la iglesia

Es importante reconocer que los planes de Dios para la iglesia y el mundo se llevan a cabo a través de hombres y mujeres a quienes Él ha llamado, y a quienes ha otorgado dones y capacidades para dirigir a los demás en el cumplimiento de su voluntad en el mundo. Esas personas son los líderes. Por eso, el liderazgo debe ser visto como un llamamiento, una vocación y un ministerio para beneficio de otros.

Barna define el liderazgo como: «El proceso de motivar, movilizar, proveer y dirigir personas para perseguir con pasión y estrategia una visión de Dios... trata de ayudar a que la gente tenga un sentido y logre sus propósitos en la vida».[94] Por tanto, es innegable el rol de los líderes en propiciar el clima adecuado para la renovación de la iglesia.

El liderazgo implica un llamamiento divino, porque «nadie puede recibir nada, si no le es dado del cielo» (Juan 3:27 RVC), y claramente Jesús afirmó: «Ustedes no me eligieron a mí. Más bien, yo los elegí a ustedes, y los he puesto para que vayan y lleven fruto, y su fruto permanezca» (Juan 15:16 RVC). Los líderes son llamados por Dios, y no precisamente elegidos o nombrados por la iglesia según el tiempo de perseverancia, sus aportaciones económicas o su afinidad con el pastor.

[94] George Barna, *Un pez fuera del agua* (Miami: Casa Creación, 2003), p. 7.

El llamamiento al liderazgo es el acto por el cual Dios escoge y designa a sus siervos de manera personal y específica para que realicen tareas en su reino; para este fin, los llena de su Espíritu Santo. En este sentido, el liderazgo es un ministerio de transformación para el bienestar de los demás mientras se cumple la misión de Dios. Por eso, el éxito del liderazgo se mide en términos de desarrollo de los demás y no por los programas y actividades que se ejecutan.

Los líderes deben ser personas con capacidad para inspirar y movilizar a los demás hacia el cumplimiento de la misión de Dios; tienen la posición y la bendición de Dios para producir transformaciones en las personas y en su entorno. Son los líderes quienes «forman, apoyan, motivan y guían a los individuos para que se conviertan en lo que Dios quiere que sean».[95] De hecho,

> la eficacia del desarrollo transformador no tiene que ver con teorías, ni con principios, ni con herramientas, sino con personas. La transformación es transformación de relaciones, y las relaciones son transformadas por las personas. Las técnicas y los programas solo lograrán su cometido cuando los facilitadores holísticos los utilicen con la actitud, la predisposición y el profesionalismo adecuado. Cuando los promotores del desarrollo han hecho suyas la teoría y los valores del desarrollo transformador, cuando viven a diario en el mundo real y concreto de la práctica del desarrollo, solo entonces pueden suceder las cosas buenas.[96]

Por consiguiente, hay necesidad de líderes más que de programas, pues los líderes son esenciales para la salud de cualquier organización, dado que son los principales agentes de cambio.[97] Es «posible superar muchas deficiencias en el ministerio y la organización de la iglesia, pero no se puede compensar la falta de buen liderazgo. Nada paraliza y aun destruye una iglesia más radicalmente que la ausencia de liderazgo eficaz».[98] Siendo así, la función del liderazgo es determinante para la

---

[95] Christian Schwartz, *Desarrollo natural de la iglesia* (Viladecavalls: Editorial CLIE, 2005), p. 106.

[96] Bryant Myers, *Caminar con los pobres: Manual teórico-práctico de desarrollo transformador* (Buenos Aires: Ediciones Kairós, 2005), p. 159.

[97] Barna, *Un pez*, pp. 41-42.

[98] George Barna, *9 hábitos de las iglesias altamente efectivas* (Miami: Editorial Vida, 2007), p. 6.

transformación de la iglesia de tal modo que pueda cumplir con fidelidad su llamado en esta época.

Además, «la huella de los líderes extraordinarios está en que su influencia vive más que ellos mismos. Lo que hacen hoy determina lo que sucederá en el futuro»[99] porque los líderes diseñan el futuro, impulsados por una visión que refleja fielmente los propósitos de Dios.

El liderazgo hace que toda la estructura organizacional se movilice para el cumplimiento de la misión de Dios. No solo articula la visión de Dios, sino que también integra a las personas para que juntos crezcan y cumplan su vocación en el mundo.

5.2. El liderazgo cristiano como oportunidad para servir

Ante la petición de Jacobo y Juan, Jesús les ofrece hacerlos copartícipes de su sufrimiento, lo que refiere una invitación a entregar la vida a favor de los demás; Jesús se ofrece como modelo. Con esta reacción, Jesús redefine el liderazgo como una oportunidad para servir al desarrollo de los demás; no es una posición de privilegio ni de poder, sino la responsabilidad de ayudar a otros. Por eso, Jesús deja en claro que la grandeza de los líderes no está en la posición que ostentan, sino en lo útiles que son; no en cuánto poder administran, sino a cuántos sirven, dignifican, inspiran y guían para el desarrollo de una vida significativa.

Este modelo de liderazgo propuesto por Jesús, ante todo, restaura la dignidad del ser humano: todos son iguales ante Dios, es decir, nadie puede dominar a nadie, sino que deben servirse los unos a los otros por el bien común. El principio de amar y servir a Dios se hace realidad amando y sirviendo al prójimo. Liderar no es un proceso gerencial: es entregar la vida para el bien de los demás, siguiendo el modelo de Jesús.

Esta manera en la que el evangelio enfoca el liderazgo difiere de la realidad de muchas iglesias, en las que la función del liderazgo se remite a organizar y ejecutar actividades o perpetuar programas. No se demerita dicha función, sino más bien, se quiere enfatizar que el proceso de liderar va más allá, implica la entrega de la vida para el desarrollo de los demás. Que quede claro: no se trata de servir por servir, se

[99] Henry y Richard Blackaby, *Llamado a ser un líder de Dios* (Tennessee: Editorial Caribe, 2004), p. 200.

trata de liderar para el desarrollo de los que están a nuestro alrededor. Liderazgo y transformación son dos categorías que van de la mano en el reino de Dios.

5.3. Liderazgo para una misión transformadora

Uno de los efectos directos de realizar la misión de Dios en esta tierra es la transformación individual y colectiva. El liderazgo cristiano, en relación con la misión, está vinculado a nuevos procesos sociales, a nuevas formas de vivir, de crear cultura y estilos de vida que necesariamente requerirán de nuevos procesos políticos, económicos, ecológicos, educacionales y espirituales. Tal como afirma López, «cada vez que la buena noticia del reino de Dios es anunciada en el poder del Espíritu, genera profundas transformaciones sociales que cambian el rostro público de los contextos históricos en los que los misioneros se han insertado, como amigos de la vida, pregoneros de la justicia y embajadores de la reconciliación».[100] El liderazgo en función de la misión de la iglesia debe producir transformación social.

También es importante tener una visión completa de la persona humana y las sociedades; como afirma Myers:

> Si vemos a las personas como almas perdidas, entonces la transformación tiene que ver con salvar almas perdidas. Si vemos a las personas muriéndose de hambre, entonces la transformación es relativa a alimentarlas. Si el problema son los sistemas injustos, entonces las herramientas de la transformación son la organización comunitaria o el activismo político. Y así sigue una serie de puntos de vista... con los diferentes acercamientos a la transformación para restaurar lo que está faltando... cada una de estas visiones es verdad, pero también [está] incompleta. Si podemos aceptar que la transformación bíblica se dirige a todas las dimensiones de la vida humana, podremos tomar otro paso más hacia la visión más integral, más abarcadora de la transformación. Si no lo hacemos, reducimos la transformación a la evangelización para salvar el alma; al trabajo social, la medicina o la psicología para salvar a la persona,

---

[100] Darío López, *Cuando Dios incomoda* (Lima: Ediciones Puma, 2005), p. 36.

> al activismo político o al trabajo por la paz para restaurar el sistema social, y a la ecología para salvar la naturaleza.[101]

La transformación social implica desarrollo, un proceso de cambio cualitativo de la vida en el cual una persona encuentra su madurez plena (social, física, espiritual, en sabiduría) como individuo y como persona en comunidad. Este cambio cualitativo de vida ocurre por medio del poder redentor del evangelio de Jesucristo.[102]

Este proceso de transformación requiere la participación de los sujetos y destinatarios de la misión; el desarrollo tiene que ver con el empoderamiento, la recuperación de la dignidad humana y la mejora de las condiciones de vida. El plan de Dios ha sido que el hombre viva en plenitud. Esta idea está presente en las Escrituras desde la creación, como afirma Berkhof:

> El hombre está representado como la cúspide de todos los órdenes de la creación. Está coronado como rey de la creación, y se le ha dado dominio sobre todas las criaturas inferiores. Como tal fue su deber y privilegio hacer que la naturaleza y todas las cosas creadas colocadas bajo su gobierno sirvieran a su voluntad y a su propósito, para que él y todo su glorioso dominio glorificaran al todopoderoso Creador y Señor del universo.[103]

El hombre y la mujer fueron creados para vivir bien. Sin embargo, el pecado distorsionó esta calidad de vida. Voth afirma que la Biblia

> señala dos realidades opuestas. Por un lado, tenemos la liturgia de la creación, caracterizada por una abundancia y una generosidad maravillosas. Toda la creación se evalúa como muy, pero muy buena. La creación y el ser humano como parte de ella tienen todo lo necesario para fructificar y vivir dignamente. Pero con la entrada del pecado, la creación toda se ve afectada. El pecado no solamente produce daño en el ámbito espiritual, sino que altera la armonía en los ámbitos de las relaciones humanas, de la ecología, de lo físico y

---

[101] Myers, *Caminar con los pobres*, p. 99.

[102] René Padilla y Tetsunao Yamamori (Eds.), *El proyecto de Dios y las necesidades humanas* (Buenos Aires: Ediciones Kairós, 2000), p. 12.

[103] Louis Berkhof, *Teología sistemática* (Grand Rapids: Libros Desafío, 2009), pp. 215-216.

> de la posibilidad de la vida digna para todos los seres humanos. Si bien es cierto que las palabras pobreza y opresión no aparecen en estos primeros capítulos del Génesis, el relato sí narra eventos que tiene que ver con estas realidades. Desde el fratricidio cometido por el hermano más fuerte, pasando por la violencia de Lamec, y culminando con la construcción de la torre de Babel, lograda seguramente con el trabajo de esclavos, se pinta un cuadro que necesita de una misión que se ocupe de todo cuando ha sido afectado por el pecado. Desde el principio de todas las cosas vemos que no se puede adoptar una visión simplista o reduccionista en cuanto a lo que la creación necesita.[104]

Solo es posible transformar esta realidad con la participación de un nuevo hombre, producto de las buenas nuevas que han sido anunciadas por Jesucristo, las cuales se deben abrazar encarecidamente para experimentar verdadera transformación. Un hombre restaurado es agente para la transformación.

Hay, por tanto, una responsabilidad individual y colectiva de cara a las realidades de pobreza, exclusión y subdesarrollo de las comunidades. Precisamente por esto, en primera instancia, la misión de Dios y de la iglesia es humanizante, tal como lo afirma Arana: «El contenido de la misión creadora, reconciliadora y recreadora del Dios viviente es humanizar la vida humana, dando vida en abundancia (Juan 10:10) a toda la creación. Y ese debe ser el contenido esencial de la misión de la iglesia y de los cristianos».[105] Puesto que el pecado ha deshumanizado al hombre y a la mujer, el proyecto de Dios implica restaurar la vida en todas sus expresiones.

La misión de Dios debe estar orientada hacia el desarrollo de los pueblos, y eso implica necesariamente la participación abierta y responsable en la arena pública y política. Si la misión quiere ser realmente integral, es necesaria una mayor participación política a favor de los empobrecidos y marginados. Por eso, las iglesias deben comprometerse a la transformación de las estructuras sociales, económicas y políticas.

---

[104] Esteban Voth, "Bases bíblicas para la misión integral en contextos de pobreza". En *Misión integral y pobreza, Clade IV*, René Padilla y Tetsunao Yamamori (Eds.) (Buenos Aires: Ediciones Kairós, 2001), pp. 80-81.

[105] Pedro Arana, "La misión de Dios y la nuestra". En *El Trino Dios y la misión integral* (Buenos Aires: Ediciones Kairós, 2003), p. 19.

Se requiere, por tanto, un liderazgo cristiano comprometido con Dios que dirija de acuerdo a la misión de Dios. Basta de líderes que buscan su promoción y que utilizan a los demás, basta de líderes que abusan del poder, basta de líderes sin visión, basta de líderes sin compromiso con Dios y sin amor por los demás. Necesitamos un liderazgo que siga a Jesús en su modelo de servicio.

5.4. Enfoques misionales del liderazgo cristiano

Dado que el liderazgo cristiano existe para cooperar con Dios en su plan redentor, los enfoques deben ser misionales y para eso, los líderes deben tener la orientación clara y las motivaciones correctas. Esto es posible mediante una estrecha comunión con Dios, conocimiento de las Escrituras, comprensión de la misión de Dios, conocimiento de las personas a las que se sirve e intuición espiritual de lo que Dios está haciendo en el mundo.

La actividad de Dios en el mundo puede sintetizarse en dos acciones: a) reconciliar al mundo consigo mismo (2 Corintios 5:18-20), para lo cual el liderazgo cristiano debe motivar, capacitar, organizar y movilizar a la iglesia para la evangelización; y b) formar y perfeccionar a los santos. Esto implica un discipulado integral para el desarrollo, que forme el carácter de Cristo en cada discípulo y lo ayude a desarrollar competencias ministeriales para servir tanto en las diferentes áreas de la vida de la iglesia como en la sociedad. A continuación, se mencionan algunos enfoques misionales de los líderes.

Crear y madurar relaciones interpersonales. La vida cristiana se sustenta sobre la base de las relaciones: la relación con Dios, la relación con los hermanos y el resto de la creación. Por eso, el líder deberá promover condiciones para crear relaciones interpersonales y perfeccionarlas.

Como es sabido, las relaciones interpersonales son clave para avanzar en cualquier proyecto u organización. Así lo afirman unos expertos:

> Establecer y mantener buenas relaciones está en el centro de la vida organizacional... La aptitud relacional se deriva del interés y de la verdadera preocupación por la gente, está basada en la

> comprensión... de que la gente es creada a imagen y semejanza de Dios… ningún líder tiene éxito sin buenas relaciones.[106]

El estudio de Schwartz sobre el desarrollo de la iglesia indica que un factor determinante para el crecimiento saludable de una iglesia son las relaciones afectivas; el autor concluye que cuando hay «deficiencia de amor, el futuro desarrollo de la iglesia se ve seriamente ralentizado».[107] La interdependencia es un factor que puede incidir significativamente en otras áreas de la vida y funcionalidad de la iglesia; dicha interdependencia exige la existencia de relaciones saludables que se han propiciado intencionalmente y se mantienen constantemente.

Para lograr relaciones saludables se requiere de amor. Y esto por dos razones: primero, que es un mandamiento necesario para la existencia de la iglesia; y segundo, que la mayor necesidad del ser humano es el amor. «Los líderes serán más saludables si basan su ministerio y su vida misma en relaciones de amor cristiano. La gente que nos rodea será más saludable espiritual y emocionalmente… Si falta el amor a Dios y al prójimo, todo estará fuera de sintonía».[108]

Las relaciones interpersonales en el liderazgo se construyen sobre el amor y son el espacio donde se manifiesta el amor. Además, permiten el crecimiento mutuo. «Normalmente el crecimiento tiene lugar mediante profundas relaciones y en comunidades en donde las implicaciones del evangelio se ponen en práctica».[109] Las Escrituras afirman que la comunión es el ambiente donde cada miembro crece y donde cada ministerio se ejercita para el beneficio de los demás, propiciando crecimiento mutuo e integral.

Además del amor, Maxwell menciona principios que fortalecen la construcción de relaciones saludables: a) el disfrute mutuo, que implica pasar tiempo juntos por el placer de compartir la vida; b) el respeto, que genera confianza; c) compartir experiencias, que crean vínculos emocionales; d) la confianza, que agrega valor a las personas; e) la reciprocidad, para que nadie se sienta usado para un beneficio egoísta, a

---

[106] Robert Banks y Berenice Ledbetter, *Las dimensiones del líder* (Buenos Aires: Editorial Peniel, 2008), p. 202.

[107] Schwartz, *Desarrollo natural*, p. 37.

[108] Dale Galloway, *La iglesia para nuestros días* (Missouri: Casa Nazarena de Publicaciones, 2002), pp. 40-41.

[109] Keller, *Iglesia centrada*, p. 330.

fin de que todas las partes contribuyan a la convivencia.[110] Sin capacidad para relacionarse eficientemente, ningún líder podrá desarrollar su ministerio.

Organizar y movilizar capacidades. La misión que Jesús encomendó a su iglesia requiere para su cumplimiento del poder del Espíritu Santo, y la mejor expresión de esa capacitación sobrenatural son los dones espirituales, que en algunos casos van relacionados con los dones naturales.

Las Escrituras dicen que los líderes espirituales tienen la tarea de perfeccionar a los santos y prepararlos para la obra del ministerio (Efesios 4:11, 12), porque la iglesia es un organismo vivo y dinámico, que lleva a cabo la misión de Dios mediante el ejercicio de los dones espirituales (1 Cor 12–14; Rm 12:3-8; 1 P 4:10).

En este paradigma, el pastor tiene la tarea de perfeccionar a los santos para la obra del ministerio de varias maneras. Primero, ayudando a los demás a descubrir sus dones. Luego, remitiendo a un proceso de formación que implica desarrollo del carácter cristiano y capacitación para el ministerio. En seguida, el pastor o líder debe abrir espacios de servicio para cada uno, de acuerdo con sus dones y habilidades. También se requiere de mentoreo o acompañamiento de tal manera que sea posible corregir lo deficiente y potenciar las habilidades para que el ministerio se desarrolle con eficiencia. De esta manera, el pastor ministra en una curva exponencial.

Schwarz ha definido esta manera de liderar como "automatismo de crecimiento divino", lo cual implica que

> Dios mismo ha definido qué creyentes deben realizar preferentemente determinados trabajos. La función de los dirigentes se reduce a ayudar a los miembros de la iglesia a reconocer los dones que Dios les ha dado y a encontrar una tarea de acuerdo con estos dones. Cuando los creyentes actúan según sus dones espirituales, no trabajan por fuerza propia, sino que el Espíritu de Dios actúa a través de ellos. De esta manera, cristianos completamente normales pueden tener un rendimiento extraordinario.[111]

---

[110] John Maxwell, *El talento nunca es suficiente* (Tennessee: Grupo Nelson, 2007), pp. 53-55.

[111] Schwartz, *Desarrollo natural*, p. 24.

Este paradigma es coherente con la doctrina del sacerdocio de todos los creyentes que afirma que todos los que forman parte del cuerpo de Cristo han sido habilitados con capacidades para realizar la misión de Dios.

Además, los pentecostales reconocemos que todos los creyentes han sido dotados con dones espirituales que deben ejercitarse en el poder del Espíritu Santo. Los dones o carismas son capacidades dadas por el Espíritu Santo para el equipamiento de los santos para realizar el ministerio y edificar el cuerpo de Cristo. La Biblia se refiere a la iglesia como un solo cuerpo; los dones fueron dados para mantener la unidad y propiciar la edificación.

Ahora bien, el sacerdocio de todos los creyentes y la manifestación de los dones solo pueden ser una realidad en el contexto de la comunidad. «La iglesia será plenamente el cuerpo de Cristo en la medida en que todos los dones del Espíritu sean reconocidos y ejercidos en comunidad. La pluralidad... y la universalidad... están en la esencia misma de la iglesia».[112]

El liderazgo cristiano es un don otorgado por Dios que las personas desarrollan con el fin de dirigir y edificar la iglesia; por eso, los líderes deben ser seleccionados, entrenados y ubicados de acuerdo a su llamado y dones.

5.5. Equipos ministeriales multidisciplinarios, multiétnicos e intergeneracionales

El mayor estorbo para la salud y el desarrollo de la iglesia ha sido la actitud elitista de algunos pastores y líderes que quieren hacerlo todo ellos mismos, entorpeciendo el surgimiento y desarrollo de otros líderes. Pero debemos admitir que la iglesia será revitalizada en la medida en que todos los dones y ministerios sean activados, incluyendo los de liderazgo.

Por mucho tiempo, el liderazgo ha sido vertical, pero en lugar de hacer triángulos o pirámides, debemos construir círculos o líneas horizontales de autoridad y relaciones ministeriales. Los círculos son el ambiente para que un discípulo de Jesús encuentre su propósito en Dios, descubra sus dones y desarrolle sus capacidades y ministerio.

---

[112] Juan Driver, *Comunidad y compromiso* (Buenos Aires: Ediciones Certeza, 1974), p. 30.

Estos círculos deben proveer cuidado en las áreas relacional, emocional, espiritual y ministerial.

Para liderar en este tiempo se requiere de equipos multidisciplinarios. La palabra "equipo" viene de la raíz latina *deuk*, que significa atraer, arrastrar o jalar, lo cual implica que un equipo está compuesto por personas que se atraen mutuamente para alcanzar un objetivo en común. Un equipo saludable de liderazgo es «la unidad más versátil que tienen las organizaciones para llegar tanto al rendimiento como a los desafíos de cambio en el complejo mundo de hoy... el equipo sigue siendo la unidad más flexible y poderosa de rendimiento, aprendizaje y cambio de cualquier organización».[113] Cuando las individualidades se integran para convertirse en un equipo, las capacidades se potencian y las debilidades se vuelven irrelevantes porque se compensan con las fortalezas de los demás miembros del equipo.

Equipos ministeriales multidisciplinarios. Para que una iglesia pueda encarar adecuadamente los desafíos del mundo contemporáneo se requiere de equipos con diferentes capacidades.

> Vivimos en un mundo con un entorno donde se producen cambios y oportunidades tan rápido que ninguna mente y ninguna persona sola pueden navegar eficaz e independiente… Ahora es necesario un equipo o mezcla colaborativa de ideas, intuición e inspiración… en el mundo de ayer uno podía valerse por sí mismo, por su habilidad de cultivar, crear y comunicar. Muchos lo hicieron, pero ya no es posible.[114]

Para responder a todos los desafíos contemporáneos y aprovechar todas las oportunidades, el pastor debe rodearse de un gran equipo. De hecho, ninguna iglesia es más grande que su liderazgo y los proyectos de Dios siempre se realizan junto a otras personas, porque siempre trascienden a la capacidad individual y porque una visión de Dios que vale la pena atraerá a otros.

Lo mejor de la creatividad y el potencial individual suele manifestarse cuando somos parte de un equipo más grande que nosotros

[113] Robert Crosby, *El equipo de la iglesia. Cómo construir un equipo ministerial en la era de la colaboración* (Buenos Aires: Editorial Peniel, 2014), p. 68.

[114] *Ibid*, p. 50.

mismos. Además, para realizar un ministerio relevante en este tiempo es necesaria la interacción de diferentes capacidades y conocimientos diversos. Las diversas disciplinas del saber humano deben ser usadas para gloria de Dios; por eso el líder debe tener la capacidad y la humildad para dialogar constructivamente con las diferentes disciplinas del conocimiento.

Los grandes líderes deben aprovechar las fortalezas y el potencial de las personas en el equipo. Y para integrar esas capacidades, el líder debe ser un gran visionario y saber comunicar esa visión con gran pasión. Una visión grande atraerá y desarrollará grandes líderes.

Liderazgo multiétnico. La migración es cada vez mayor. La mayoría de las personas de las áreas rurales se están mudando a las urbes, y muchas áreas rurales están siendo urbanizadas. Este fenómeno se está dando a diferentes escalas; globalmente vemos una movilización humana constante, por lo que se necesitan nuevos modelos de liderazgo y cada vez será más necesaria la capacidad de interacción con las diferentes culturas.

La iglesia de este tiempo, especialmente en las urbes, representa una cultura multiétnica y multilingüe. Por eso, los líderes contemporáneos necesitan capacidad de diálogo e integración para que las diversas culturas puedan abrazarse, empoderándolos a su vez para que contribuyan a la edificación del reino de Dios.

Liderazgo intergeneracional. Con esta categoría queremos indicar que la iglesia debe atender a todas las personas que componen la sociedad, es decir, adultos mayores, adultos, jóvenes, adolescentes y niños.

La iglesia debe ministrar adecuadamente a todas las generaciones y para eso se requiere de un liderazgo representativo. Pero si queremos asegurar el futuro para la iglesia, debemos discipular intencionalmente a las nuevas generaciones.

Lucas Leys ha identificado algunos efectos colaterales del descuido de las nuevas generaciones.

- Quienes trabajan con jóvenes y sobre todo con adolescentes son líderes primerizos en lugar de líderes maduros.
- El liderazgo de la congregación queda distanciado de lo que sucede con las nuevas generaciones que están bajo su cuidado.

- Los pastores creen que lo suyo son los adultos y que no tienen mayor responsabilidad ni protagonismo con los ministerios de las nuevas generaciones. Si no están en los intereses del pastor, no serán prioridad, y esa iglesia envejecerá pronto.[115]

Si no se desarrolla el liderazgo intergeneracional, el relevo no se hará eficientemente y los nuevos líderes tendrán que aprender con equivocaciones y dolor, situación que podría evitarse si se los integra a los ministerios actuales.

Además, los jóvenes y adolescentes podrían aportar grandes ideas con su creatividad a los líderes actuales, con el fin de imaginar juntos el futuro. El pastor o líder que tenga la sagacidad de tener un equipo intergeneracional tendrá las posibilidades de adaptarse estratégicamente a la realidad actual y los recursos adecuados para encarar el futuro.

Este nuevo paradigma implica un liderazgo liberador en vez de manipulador. También requiere interdependencia, un diálogo abierto donde haya confianza y respeto. Y empoderar a los demás, además de mentorearlos. Para lograr todo eso, se deberá trabajar en la inteligencia emocional de todo el equipo.

Finalmente, debemos reconocer que los líderes determinan el futuro de la iglesia. Ellos hacen que las cosas sucedan o dejen de suceder; por eso, el liderazgo debe sincronizarse con la agenda de Dios para este mundo.

[115] Lucas Leys, *Liderazgo generacional* (Dallas: e625, 2017), p. 37.

6

¿Eres maestro de Israel y no sabes esto?

Rol de la educación teológica para el avivamiento de la iglesia

El requisito para todo conocimiento teológico auténtico es la disposición a realizar la voluntad de Dios.

Alberto Roldán

Dios es un gran educador. En la Biblia encontramos evidencia del interés divino en que la humanidad se eduque y aprenda a vivir correctamente. Por eso, cuando el pueblo de Dios desprecia la educación, es víctima de la corrupción moral, espiritual y política (Oseas 4:6).

La educación relacionada con la fe podría denominarse "teología". Este término no es de origen bíblico, es decir, no se encuentra en las Sagradas Escrituras. Fueron los griegos quienes acuñaron el término para designar el discurso que los poetas elaboraban con referencia a los dioses. Por eso Orfeo y Homero fueron llamados "teólogos".[116]

Padilla afirma que «la educación teológica es la capacitación del pueblo de Dios para el servicio del reino».[117] En este sentido, la educación teológica no debería limitarse a la preparación de pastores, teólogos o "profesionales del oficio religioso"; dado que todos los creyentes en Jesús tienen una vocación (sacerdocio universal de los creyentes), la educación teológica debe ser un recurso para perfeccionar a todos los santos para la obra del ministerio.

---

[116] Alberto Roldán, *¿Para qué sirve la teología?* (Michigan: Libros Desafío, 2011), p. 48.

[117] René Padilla, *Nuevas alternativas de educación teológica* (Buenos Aires: Editorial Nueva Creación, 1996), p. 119.

Según David Suazo, la educación teológica es la tarea de la iglesia enfocada en la formación del pueblo de Dios para el servicio del reino. En términos más profesionales, la educación teológica es la tarea de la iglesia enfocada en la formación de su propio liderazgo, lo cual incluye a los pastores y otros ministros que sirven principalmente dentro del contexto de la iglesia local, así como aquellos que harán tareas especializadas, como la docencia teológica, el servicio comunitario, la administración de instituciones, entre otras.[118] Por esta razón, la educación teológica no debe ser exclusiva de los pastores; debe estar disponible a los líderes y a la iglesia local.

Sin embargo, se debe reconocer que la capacitación teológica es imperativa para quienes se dedican al ministerio. Cuando Dios formó a Israel como pueblo, le dio instrucciones, normas y disposiciones relativas al servicio sacerdotal, de modo que Moisés recibió la orden de establecer una escuela a la cual asistieran los sacerdotes y levitas para capacitarse en lo concerniente a su ministerio litúrgico.[119] Por eso, es razonable afirmar que el ejercicio del ministerio exige una adecuada preparación académica.

Posteriormente, los sacerdotes se convirtieron en los maestros del pueblo de Israel; ellos trasmitían las enseñanzas que Dios puso en manos de Moisés y servían de intermediarios entre el pueblo y Dios en el ofrecimiento de los sacrificios, pues eran más entendidos en las normas del Pentateuco.[120]

Con el paso del tiempo, la institución sacerdotal se fue convirtiendo en un sistema deficiente para proclamar la voluntad divina. Por eso Dios levantó a otra estirpe, los profetas, quienes proclamaban la verdad divina.[121] En este período surge Samuel como un instructor (1 Samuel 10; 19:19, 20). Los profetas eran proclamadores de la Palabra de Dios y por eso necesitaban estar instruidos en lo que decía la ley. Es decir, no necesariamente tenían que profetizar en el sentido de estar inspirados por el Espíritu Santo; más bien, enseñaban la Palabra de Dios. El hecho que Israel estuviera rodeado de pueblos idólatras significaba que

---

[118] David Suazo, *La función profética de la educación teológica evangélica en América Latina* (Viladecavalls: Editorial CLIE, 2012), p. 15.

[119] Wilfredo Calderón, *Pedagogía práctica* (Miami: Gospel Press, 2007), p. 19.

[120] *Ibid*, p. 19.

[121] Kate Yates, *Los profetas del Antiguo Testamento* (Texas: Casa Bautista de Publicaciones, 2007), p. 4.

necesitaban un ministerio de enseñanza que los orientara en el camino correcto, labor que hicieron estos mensajeros de Dios.

La historia bíblica indica que, cuando el rey era temeroso de Dios, fomentaba la enseñanza de la Palabra de Dios. Por ejemplo, el rey Asa de Judá promovió un despertar en la enseñanza religiosa (la cual podríamos interpretar como educación teológica). Algo parecido sucedió en la época de Josafat, quien propició un avivamiento pues buscó a Dios con todo su corazón. Además, quiso que su pueblo creciera en el conocimiento de Dios; para eso organizó a cinco príncipes, cinco levitas y dos sacerdotes para que enseñaran en todas las ciudades de Judá, teniendo como base el libro de la ley de Jehová. Como resultado, Dios bendijo a Josafat, le dio victoria sobre sus enemigos y lo prosperó en todo. Por el contrario, la desgracia de Israel estaba asociada a la ignorancia. El profeta Azarías explicó a Asa el porqué de la situación lamentable que vivía Israel en esa época: «Muchos días ha estado Israel sin verdadero Dios y sin sacerdote que enseñara, y sin ley» (2 Crónicas 15:3).

El fundador de la iglesia, nuestro Señor Jesucristo, se identificó como un maestro porque mucha de su actividad está relacionada con la enseñanza. Mackay afirma que de las noventa veces en las que alguna persona identificó a Jesús en los Evangelios, en sesenta de ellas fue llamado con el título de maestro.[122] Además, es claro que Jesús dedicó la mayor parte de su ministerio a la enseñanza. Mucho del contenido de los Evangelios son registros de sus enseñanzas más que de sus predicaciones. Cuando Mateo resume el ministerio de Jesús, afirma que la enseñanza representaba una parte esencial (9:35).

Los desafíos de la sociedad contemporánea y las exigencias divinas demandan a la iglesia echar mano de la educación teológica de la manera más provechosa posible. Y ahí aparecen en escena los seminarios, universidades y otras agencias de educación teológica formal. Ramírez advierte que no podemos negar la capacidad de las instituciones teológicas para influir y contribuir a la formación de líderes que desarrollen la iglesia, pues «los seminarios pulen la mente (conocimiento), el corazón (afectos) y las manos (quehacer) de las personas que ministran a la iglesia».[123] Por consiguiente, el fruto de la educación es el desarro-

[122] Juan Mackay, *Mas yo os digo* (Buenos Aires: Editorial La Aurora, 1964), pp. 17-18.

[123] David Ramírez, *Educación teológica y misión hacia el siglo XXI* (Quito: Ediciones Semisud, 2002), p. 7.

llo de las personas y la efectividad en su vocación. Eso fue exactamente lo que Jesús hizo como maestro: tomó a doce personas comunes y corrientes y las transformó en líderes para que, a su vez, transformaran el mundo del primer siglo, tal como testifica Lucas en Hechos de los Apóstoles.

La educación teológica debe comprenderse y abordarse como un proceso que busca desarrollar el carácter y las capacidades de aquellos a quienes Dios ha llamado a su servicio; claramente estos procesos de desarrollo no se refieren a una élite, sino a todo el cuerpo de Cristo. Toda la iglesia debe ser educada bíblica y teológicamente; de ello dependerá su crecimiento, desarrollo y el ejercicio del ministerio cristiano.

En este acercamiento se propone la pedagogía de Jesús como un excelente modelo para los procesos de formación teológica, un modelo extraordinario que exige análisis y contextualización.

En Juan 3:1-15 encontramos un relato donde Jesús incita a Nicodemo a un nuevo proceso de comprensión teológica. Al leer el texto, podemos llegar a ciertas conclusiones que orientan la tarea de enseñar teología.

6.1. El contexto como punto de partida

En el versículo 1, Juan intencionalmente muestra en su relato que Nicodemo, al igual que cualquiera de nosotros, estaba condicionado por su contexto, por la realidad histórica en la que vivía. Como ya hemos explicado, el Evangelio menciona que era hombre, fariseo, miembro del sanedrín y maestro de la Ley; en otras palabras, un representante de lo mejor del mundo religioso y social de la Judea del primer siglo.

El escritor intencionalmente delinea el marco contextual de la persona con quien Jesús va a interactuar; es a partir de la realidad de Nicodemo que Jesús abordará su enseñanza. Es Nicodemo quien condiciona la metodología que Jesús utilizará. Esto indica que el contexto es sumamente importante, pues determina la metodología, los contenidos y los enfoques pedagógicos.

La teología no es algo que desciende del cielo, es un *corpus* que se construye y desarrolla en camino, en una realidad concreta.[124] Sidney

---

[124] Alberto Roldán, ¿Para qué sirve la teología? (Michigan: Libros Desafío, 2011), p. 75.

Rooy afirma que la teología surge partir de la experiencia de la fe, condicionada por el medio ambiente espiritual y cultural en el que esa experiencia ocurre.[125]

Por otro lado, nos invita a revisar crítica y objetivamente las teologías que nos llegan de otras latitudes. Actualmente existe una transliteración de teologías europeas y estadounidenses. Hasta cierto punto es razonable, dado el aspecto universal del evangelio y de la reflexión de la iglesia en su devenir histórico. Sin embargo, una teología propia es necesaria. Es verdad que podemos aprender de otras experiencias, de otras realidades, pero debemos leer e interpretar las Escrituras desde nuestra realidad histórica.

En este sentido, los pentecostales tenemos una deuda con la teología de la misión integral, que, al igual que la teología de la liberación, buscó dar respuestas desde las Escrituras a los males que aquejan a nuestro continente. En la hermenéutica pentecostal, el contexto es fundamental para la interpretación bíblica; sin embargo, nuestra educación teológica sigue rumiando entre teologías exportadas.

6.2. Nuevos paradigmas para comprender y enseñar la realidad de Dios

Después de describir la realidad de Nicodemo, el escritor muestra una escena interesante: Nicodemo se acerca a Jesús de noche y lo aborda como rabí. Siendo que Nicodemo es un rabí, el diálogo será de maestro a maestro.

Nicodemo fue a Jesús con prepotencia, una expresión del orgullo y la autosuficiencia intelectual que ostentaban los fariseos, afirmando: «Rabí, sabemos que has venido de parte de Dios como maestro, porque nadie podría hacer estas señales que tú haces si Dios no estuviera con él» (Juan 3:2 RVC). Nicodemo no se acercó a Jesús para dialogar, sino que ofreció su postura teológica de la realidad que estaba observando. Su interpretación lógicamente estaba condicionada por lo que sabía: las señales son credenciales del respaldo de Dios. Sorprende cómo Jesús da dirección al diálogo, pues lleva a Nicodemo a una nueva revelación, en la que el reino de Dios y el Espíritu Santo están presentes y

[125] Sidney Rooy, "La fe cristiana en el contexto de otras culturas". En *Misión en el camino: Ensayos en honor a Orlando Costas* (Buenos Aires: Ediciones Kairós, 1992), p. 19.

solo es posible acceder y disfrutar esa realidad cuando se nace de nuevo. Reconocemos varias cuestiones en este intercambio.

Primero, se percibe que a Nicodemo le llama la atención que Jesús realice milagros; esto le permite considerarlo como un enviado de Dios, pero hasta ahí llega. No puede ver en Jesús al Hijo de Dios.

Segundo, Nicodemo no puede ver a Jesús como Hijo de Dios por sus paradigmas teológicos. Aunque ve milagros, no ve la pompa ni el poderío militar que caracterizaría al Mesías esperado según la teología judía; por eso no puede aceptar a Jesús como Mesías.

Tercero, Nicodemo no logra comprender la realidad del nuevo nacimiento ni la dinámica del Espíritu que hacen que el reino de Dios sea una realidad presente, anunciada y manifestada por Jesús. Por eso interpreta las palabras de Jesús de manera literal y física, cuando claramente Jesús está hablando de una realidad espiritual.

Cuarto, la forma en la que Jesús desarrolla el diálogo lleva a Nicodemo a una nueva manera de construir teología. La auténtica teología es aquella que está en sintonía con la acción de Dios en la historia. En este sentido, la teología pentecostal tiene mucho que decir, especialmente porque su metodología está centrada en las narrativas, que dan cuenta de la acción de Dios.[126]

6.3. De la afirmación a la pregunta

Jesús no quería hacer una demostración de su capacidad docente atropellando la dignidad de Nicodemo. Tampoco lo dejó en las dudas para que su alma fuera atormentada; más bien, fue a darle la clave para la comprensión correcta de la actuación de Dios, pero, antes de eso, Nicodemo debía ser consciente de su necesidad de aprender.

Inicialmente Nicodemo llegó a Jesús afirmando «sabemos», pero luego empezó a preguntar: «¿Cómo puede ser esto?» (v. 9b). El paso de Nicodemo de la afirmación a la pregunta es un gran logro de la pedagogía de Jesús. Jesús conduce a Nicodemo a hacer preguntas, lo cual

[126] Vondey afirma que la narrativa es el vehículo más eficiente para describir el pentecostalismo y valida la narrativa como fuente para construir y enseñar la teología. Dice que la teología pentecostal es siempre experiencia y se conduce a través de la narración y el testimonio. Por consiguiente, integra afectos, que son expresiones vivas de la espiritualidad que siempre llevan a la práctica. Wolfgang Vondey, *Teología pentecostal, viviendo el evangelio completo* (Oregón: Publicaciones Kerigma, 2019), p. 28.

significa que lo está haciendo pensar y reflexionar por sí mismo. Cuando Nicodemo comienza a preguntar, reconoce que lo que sabe no es suficiente para responder a los nuevos desafíos que enfrenta; ya no se está conformando con repetir afirmaciones del pasado. Solo en esa condición de "penitente intelectual" de Nicodemo es que Jesús puede ayudarlo a comprender su enseñanza. Ante el interrogante de Nicodemo, Jesús usa la ironía y pregunta: «¿Eres maestro de Israel y no sabes esto?». Jesús no busca humillarlo, sino que quiere enseñarle que la humildad (reconocer que no lo sabemos todo) es la mejor asistente para el aprendizaje.

Un maestro que solo afirma y no hace preguntas a la realidad en la que vive terminará siendo irrelevante. Cuando la tarea docente se reduce a la formulación, transmisión y defensa de doctrinas establecidas, se pierde la capacidad de dar respuestas a grandes interrogantes que la iglesia y la sociedad contemporánea plantean. Además, todo maestro debe ayudar a cada estudiante a cuestionar, a reflexionar y a indagar para encontrar la verdad.

6. 4. El desafío de integrar el conocimiento con la vida en el Espíritu

La idea de creer en Dios presupone fe, al igual que creer en una realidad sobrenatural. Los judíos, aunque creían en los milagros, pues toda la historia nacional estaba matizada con intervenciones sobrenaturales de Dios, no cultivaban una espiritualidad en relación con la persona y la obra del Espíritu Santo. Sin embargo, Jesús plantea una nueva realidad: no es posible entrar en el reino de Dios sin nacer de nuevo, milagro que obra el Espíritu de Dios.

La experiencia de Nicodemo nos lleva a una conclusión: La verdadera espiritualidad es aquella que se construye sobre el conocimiento conceptual o propositivo de Dios y de las experiencias que se van teniendo de Dios. Precisamente por eso, la educación bíblica y teológica será la base para un avivamiento que trascienda a las emociones y experiencias superficiales y pasajeras.

La teología debe ayudar a conocer mejor a Dios, a servirle con pasión. También debe ayudar a construir una mejor espiritualidad, una más bíblica, pero a la vez, más comprometida con la misión de Dios.

6.5. La hermenéutica del Espíritu para las articulaciones teológicas

Para construir una teología que permita conocer mejor a Dios, será necesaria una nueva hermenéutica, la hermenéutica del Espíritu.

Cuando una persona pregunta, es porque tiene duda o porque no tiene claridad en lo que percibe, y es allí cuando se abren los horizontes para nuevos conocimientos y nuevas experiencias.

Jesús condujo a Nicodemo a un estado óptimo para aprender, le enseñó utilizando realidades concretas, usó un hecho histórico para explicarle las verdades abstractas del reino de Dios y cómo poder entrar en ese reino (la historia de las serpientes venenosas del desierto de Sinaí). Allí, por su pecado, Dios castigó a Israel enviando serpientes, cuya picadura era mortal. Ellos clamaron a Dios y, en respuesta, Dios ordenó elaborar una serpiente de bronce que tendría la cualidad de salvar de la muerte a las personas mordidas que miraran a la serpiente. A través de esta "ilustración" concreta, Jesús reveló su deidad a Nicodemo, quien, condicionado por sus paradigmas teológicos, solo podía verlo como un maestro. Fue necesario iluminarlo con varias claves hermenéuticas, que veremos a continuación.

De la clave davídica a la clave mosaica. La razón por la que los maestros de la ley no podían ver en Jesús al Mesías esperado no tenía que ver con su desconocimiento, sino precisamente con su conocimiento y comprensión, sus presuposiciones hermenéuticas al respecto de la llegada del Mesías. La clave hermenéutica que utilizaban era la davídica, es decir, esperaban un Mesías que surgiera como el rey David, pero como no veían tronos, palacios, riqueza, ni un ejército característico de los caudillos mundanos, lo rechazaron.

Jesús se reveló a Nicodemo y le mostró la clave; debía entenderlo desde la perspectiva mosaica: Moisés no es quien se sienta en un trono y luce un palacio extravagante, sino quien conoce a Dios en la cotidianidad, quien camina con Dios en el desierto y quien ve y dialoga con Dios cara a cara. Esto quiere decir que, para entrar en el reino de Dios, es necesario un conocimiento personal de Dios que surja de la relación que se construye en la cotidianidad.

Nuestra teología debe ser valiente para no confiar únicamente en las articulaciones conceptuales y presuposiciones filosóficas y dar paso a la subjetividad de la experiencia, que surge del encuentro personal con Dios, tal como lo ha hecho la teología pentecostal.

De las señales a la cruz. La cruz levantada era símbolo del Mesías que venía para dar vida. Nicodemo se encuentra ante una nueva revelación; seguramente había leído el relato, pero no lo había comprendido adecuadamente porque no lo había interpretado como Jesús lo hizo, es decir, en clave cristológica.

La pedagogía de Jesús desafía los paradigmas tradicionales, inadecuados para comprender y enseñar la verdad de Dios. Desafía a la apertura de nuevas metodologías que contribuyan a la búsqueda de la verdad por el estudiante mismo. Jesús no subestima a Nicodemo: no lo ve hacia arriba por sus títulos ni hacia abajo por su ignorancia; parte de su realidad y desde ahí lo conduce a comprender el reino de Dios.

Indudablemente estos hechos descritos no hacen justicia a toda la pedagogía de Jesús, pero representan cómo enseñaba. Es una pedagogía que nos invita al desarrollo continuo para el ejercicio efectivo del ministerio.

6.6. Beneficios de la educación teológica para la iglesia

La teología no es un ejercicio simplemente intelectual, es un acto de fe. Es una fe reflexiva, que piensa, comprende, pregunta y busca.

La falta de interés en la teología, tan común en la mayoría de los pentecostales latinoamericanos, es solo un síntoma de la despreocupación por la fidelidad al evangelio y al cumplimiento de la misión. Sin embargo, esto debe cambiar; la teología es muy importante para la salud de la iglesia. Como bien dijo Forsyth, citado por Padilla:

> En cuestiones de religión, la experiencia se va al suelo si no es sostenida por la teología… Se puede tener un alma piadosa sin mucha teología, pero no se puede tener una iglesia piadosa por mucho tiempo. Será una iglesia débil y, luego, una iglesia mundana. No tendrá la capacidad para resistir el condicionamiento del mundo, sus definiciones claras y sus métodos positivos.[127]

---

[127] René Padilla, "¿Para qué sirve la teología?". En *Iglesia y misión*, N.° 15, Año 1985, p. 23.

La teología no es un fin en sí misma, sino que existe para el desarrollo de la iglesia. Anotamos a continuación algunos beneficios.

Primero, la teología sirve para evaluar desde la Biblia lo que la iglesia hace. Muchas veces la cultura del suceso, la sociedad del consumo, la ética circunstancial y otros valores mundanos inciden en la cultura y misión de la iglesia.

Mucho de lo que sucede en la iglesia no es coherente con las Escrituras. De igual manera, muchas expresiones ministeriales no se corresponden con las demandas del evangelio. Y estos males se deben a la carencia de educación teológica, porque la teología sirve para iluminar la vida espiritual, el liderazgo, la misión, la estructura organizacional y demás expresiones de la iglesia.

Segundo, la fe debe articularse de tal modo que responda a los nuevos desafíos e interrogantes que surgen de la situación del mundo contemporáneo. Las respuestas del pasado tienen su valor, pero hay necesidad de mostrar el significado del reino de Dios en relación a los problemas del mundo contemporáneo. Cada generación tiene la ardua tarea de proclamar el evangelio en su contexto socioeconómico, político y cultural; ahí ofrece sus servicios la teología, orientándonos a proclamar el evangelio en categorías contemporáneas.

Tercero, la teología debe ser educación para la vida. Jesús no enseñó para acumular conocimientos en sus oyentes, sino para hacerlos libres, de modo que pudieran vivir en plenitud. Por eso, su enseñanza incluyó el amor de los unos a los otros, la solidaridad, el perdón, la administración de los recursos, la vida sin ansiedad ni preocupaciones, etc. Una vida mejor fue el propósito de su enseñanza.

Cuarto, la educación teológica debe ser un proceso de formación del carácter. Tradicionalmente la educación teológica se ha enfocado en el conocimiento (saber) y el ministerio (hacer), subestimando la formación del carácter. La experiencia advierte que la formación teológica sin un carácter cristiano adecuado es un peligro porque produce orgullo. La práctica del ministerio sin carácter cristiano produce un liderazgo enfermizo, con tendencias a la manipulación, el culto al éxito y a la personalidad, y, muchas veces, insensibilidad espiritual.[128]

Jesús, en su pedagogía, procuró la formación integral de sus discípulos; por consiguiente, la educación teológica debe abarcar el desarrollo

---

[128] David Suazo, *La función profética*, p. 15.

del carácter (vida devocional), la excelencia académica (vida intelectual) y la contextualización del evangelio (vida ministerial).

También la teología debe atender otras áreas importantes de la persona, tales como relaciones interpersonales, apreciación estética, economía, política, ecología, espiritualidad, entre otras. Por eso, los procesos educacionales deben incluir actividades y prácticas que exijan el trabajo colaborativo y el compromiso en actividades sociales que mejoren la calidad de vida de los estudiantes.

Además, han de aprender a ser, porque la educación debe contribuir al desarrollo completo de la persona: cuerpo, mente, inteligencia, sensibilidad, apreciación estética y espiritualidad. Y también hay que aprender a hacer; en este mundo industrializado, las personas son cotizadas por lo que hacen. Sin caer en tal extremo, la educación teológica claramente debe ser un proceso de capacitación para el servicio.

Sexto, debe ser educación para cumplir la misión. Si toda la iglesia es misionera, entonces la reflexión teológica es una tarea que compete a todo el pueblo de Dios. El estudio de la teología no es propiedad de una élite: es una responsabilidad y un privilegio de todo discípulo de Jesús. Por eso, la educación teológica no debe estar enclaustrada en el seminario: debe darse en la iglesia.

La misión de la iglesia es lo que da origen a la teología; por consiguiente, la educación teológica debe estar orientada a la misión. Käller dijo: «La misión es la madre de la teología» porque la teología comenzó como «una manifestación de acompañamiento a la misión cristiana y no como un lujo en manos de la iglesia dominante».[129] El papel primario y básico de la educación teológica es preparar a los miembros de la iglesia (entre los cuales están los pastores) para que cumplan la misión que Jesucristo ha encomendado.[130]

La doctrina del sacerdocio de todos los creyentes implica capacitar a cada uno para que desarrolle las competencias necesarias para efectivizar la misión de Dios. Si la educación teológica es un proceso por el que se desarrollan capacidades entre los llamados de Dios, entonces los esfuerzos deben orientarse a brindar herramientas para que el

---

[129] Citado por David Bosch, *Misión en transformación* (Grand Rapids: Libros Desafío, 2005), p. 32.

[130] Roberto Aldana, *Pautas para la integración de la educación teológica en el quehacer de la iglesia* (Guatemala: FIEL III, 2007), p. 20.

ministerio sea desarrollado efectivamente; de lo contrario, se reduce a un simple ejercicio intelectual.

Algunas personas piensan que para realizar el ministerio pastoral solo necesitan la capacitación del Espíritu Santo. Sin embargo, la labor pastoral exige preparación que se logra con la formación académica y formal de los programas estandarizados de educación teológica.

Es innegable que en la práctica pastoral existe una relación dialéctica entre la intervención divina y la humana. Por un lado, se entiende que, para la obra del ministerio, no somos competentes por nosotros mismos, pues nuestra competencia viene de Dios. Por otro lado, la labor pastoral requiere de hombres y mujeres capacitados intencionalmente en todas las áreas del saber humano, especialmente en el área bíblica-teológica. Por tanto, es necesaria la educación teológica del pastor, porque es quien ha de capacitar adecuadamente a los miembros de la iglesia para que prediquen, enseñen, aconsejen, evangelicen y desarrollen el ministerio adecuadamente.

Además, es necesaria una revisión y actualización constante de los cursos y contenidos para que sean pertinentes, de modo que aporten significativamente a la formación de los ministros.

6.7. Desafíos de la educación teológica contemporánea

El siguiente avivamiento en la iglesia estará relacionado con el discipulado y la educación teológica; por eso, se requiere de una innovación en los procesos educacionales que siga los principios ofrecidos por la pedagogía de Jesús.

Existe una urgente necesidad de innovación pedagógica. Jesús fue innovador en su metodología y a la vez controversial por su contenido.[131] La innovación pedagógica integra estos aspectos: la metodología y los contenidos. Meyer sostiene que Jesús usó el método de la intuición, pues intuía las necesidades de sus oyentes. También usó la

[131] Los Evangelios muestran que Jesús utilizó una variedad de métodos de enseñanza según el propósito y la ocasión. Algunas veces utilizó parábolas que referían a contextos, figuras y categorías que sus oyentes comprendían muy bien. Eso le facilitó enseñar verdades complejas, divinas, celestiales, espirituales y escatológicas de manera comprensible. Jesús tuvo una efectividad incomparable en la historia de la humanidad. Utilizó recursos que revolucionaron los procesos educacionales de su época; llamó a sus discípulos a la convivencia, usó preguntas y respuestas, lecciones objetivas y experiencias.

afinidad porque nunca se sintió superior a sus oyentes; siempre respetó su capacidad y vio sus necesidades.[132]

Tomando Lucas 24:13-35, Apéstegui propone que estos son los elementos de la pedagogía de Jesús: preguntar-escuchar-compartir-explicar. Jesús primero preguntó sobre la plática que llevaban los discípulos (v. 17); obviamente sabía la respuesta, pero esperaba que los discípulos pensaran por sí mismos. Luego escuchó (vv. 18-24). Después compartió/explicó la verdad (vv. 25-35) usando las Escrituras. El resultado es prometedor: sus ojos fueron abiertos.[133] Y es precisamente este "abrir de ojos" lo que hace relevante y necesaria la educación teológica en el presente de los pastores y la iglesia local.

Además, el contenido de la enseñanza de Jesús era un contenido para la vida. No era una enseñanza religiosa, sino la verdad que conduce a Dios. Por eso afirmó: «Y conoceréis la verdad y la verdad os hará libres» (Juan 8:32), lo que significa que su enseñanza no era simplemente conocimiento, sino la verdad que traía liberación. Su educación conducía hacia Dios y, al mismo tiempo, liberaba de los engaños de la religión: los prejuicios, las tradiciones, las imposiciones culturales en nombre de Dios.[134] Por eso precisamos de una educación que traiga libertad a aquellos que el pecado y la religión han esclavizados para que recobren la dignidad y libertad que Dios ofrece en Jesucristo.

El objetivo principal de la pedagogía de Jesús era perfeccionar a sus discípulos a la imagen de Dios. No era simple conocimiento, sino trasformación de la vida para que así pudieran ser útiles para construir el reino de Dios. Por eso Jesús llama a doce discípulos y les enseña, con el fin de enviarlos a reproducir su ministerio de redención en el mundo (Juan 20:21). Por consiguiente, puede afirmarse que el ministerio docente de Jesucristo era capacitación que trasformaba la vida y brindaba aptitudes para el servicio a Dios y a los demás.

También es necesario contextualizar los contenidos. Curiosamente, la mayoría de los programas responden a preguntas que distan de la realidad y las necesidades de los estudiantes. Se los prepara para otra realidad, desconectándolos de la situación histórica.

---

[132] Frederick Meyer, *Historia del pensamiento pedagógico* (Buenos Aires: Kapelusz, 1967), pp. 132, 134.

[133] Tito Apéstegui, "Bases bíblicas para la educación teológica pentecostal dentro del contexto de América Latina". En *Educación teológica y misión hacia el siglo XXI* (Quito: Editorial Semisud, 2002), p. 117.

[134] *Ibid*, p. 117.

Las nuevas realidades ofrecen un nuevo escenario para hacer teología. Muchos campos que antes eran ignorados, ahora requieren atención e integración a los procesos educacionales. Las ciencias ofrecen nuevas luces; por ejemplo, la neurociencia ha dado mucha información sobre los procesos de aprendizaje. También la tecnología debe ser integrada como una herramienta para estimular la investigación, el aprendizaje y la innovación. La variedad de propuestas pedagógicas debe ser acogida y aprovechada para hacer y enseñar teología.

Cuando hay conciencia del contexto donde se enseña y hay compromiso de responder adecuadamente a las necesidades, naturalmente se actualizarán los contenidos y se innovarán los procesos pedagógicos.

Los métodos y técnicas tienen por objeto hacer más eficiente el aprendizaje. Gracias a ellos, pueden ser elaborados los conocimientos, se pueden adquirir las habilidades y se pueden incorporar con menor esfuerzo las actitudes que se pretenden generar en los educandos.

6.8. La importancia de la educación bíblica y teológica en el pastor

El entrenamiento para el ministerio pastoral es una forma especializada del mandato dado a los cristianos de hacer discípulos.

La responsabilidad se hace más desafiante por el tipo de sociedad en la que está inmersa la iglesia de hoy. El ministerio pastoral demanda una preparación cada vez más amplia porque abarca administración, consejería, liderazgo, relaciones interpersonales, familia, economía, ecología, política, entre otras.[135]

Además, la educación teológica en el pastor es un proceso continuo y requiere atención a varias facetas —que Busenitz resume en tres: un carácter piadoso (lo que un hombre debe ser), conocimiento bíblico (lo que debe saber) y habilidades para el ministerio (lo que debe ser capaz de ser)—.[136] Es importante que el pastor tenga cierto nivel de desarrollo en cada una de estas áreas y se comprometa a crecer continuamente para poder propiciar crecimiento a los que dirige.

Una de las funciones principales del pastor es educar a la iglesia y capacitarla para el cumplimiento de su misión. Es responsabilidad del

[135] Roldán, *Para qué sirve la teología*, p. 71.

[136] Irvin Busenitz, "Entrenamiento para el ministerio pastoral". En *El ministerio pastoral*, John MacArthur Jr. (Ed.) (Barcelona: Editorial CLIE, 2005), p. 147.

pastor propiciar condiciones para el aprendizaje y crecimiento de cada miembro de la iglesia.

En conclusión, se necesita una educación teológica vinculada a la iglesia local. Roberto Aldana afirma: «Es evidente que la iglesia necesita una educación bíblica, teológica y ministerial que la acompañe en el cumplimiento de la misión que Jesucristo le encomendó».[137] Por eso, los líderes administrativos, tanto de la iglesia como de los seminarios, deben trabajar en armonía para el beneficio de la iglesia.

Los seminarios están al servicio de la iglesia y, aunque no son los únicos responsables, son los protagonistas del discurso teológico.

Ya que la educación teológica es una tarea ministerial, por consiguiente, no puede ser realizada sin la asistencia del Espíritu Santo; tampoco puede ser hecha sin la preparación adecuada. Jesús fue un maestro habilidoso, lo cual significa que se tomó el tiempo para leer (pues conocía bien las Escrituras), para observar su entorno (siempre ejemplificaba su contenido con realidades concretas de su contexto) y para aplicar el contenido de sus enseñanzas a sus oyentes. Así, la educación teológica pasa de ser un ejercicio intelectual a un acto de fe: un ejercicio espiritual que transforma la vida.

[137] Aldana, *Pautas para la integración*, p. 19.

7

Adorar en espíritu y verdad

El sentido del verdadero culto

> La adoración guía a los adoradores a una más profunda apreciación de Dios, una mejor comprensión de sus caminos y un mayor compromiso con Él. La adoración nos pone frente a frente con nuestro Creador y nos acerca más a Él.
>
> *Gene Mims*

Adorar es parte de la naturaleza humana. La cuestión decisiva es a quién adorar. En relación con la vida cristiana, la adoración es esencial en la espiritualidad porque refleja devoción a Dios, y es expresión de amor y reconocimiento de su señorío en nuestra vida.

El significado bíblico del término *adoración* es entrega, rendición, postrarse en tierra en respuesta a la revelación o manifestación personal de Dios. La adoración es una respuesta a la persona de Dios y un reconocimiento de sus obras bondadosas hacia su creación, en especial, hacia el ser humano. Por eso es importante tener una comprensión adecuada de Dios que pueda articular una teología bíblica de la adoración.

Existe una relación entre adoración y culto, porque el culto es el vehículo por el cual fluye la adoración a Dios. Quizá esto explica porque muchos reducen la adoración a lo que sucede en el templo, es decir, la liturgia del culto público. Lógicamente el culto es parte de la adoración, pero es una forma reducida de comprenderla y practicarla.

La tradición y la religión han configurado muchas expresiones de adoración basadas en el templo, pero ha llegado el tiempo de buscar expresiones más auténticas y transformadoras de la adoración.

En Juan 4:1-34, encontramos una narrativa impresionante que muestra a Jesús renovando la naturaleza de la adoración para convertirla en una en la que puede participar cualquiera, incluso una mujer de muy mala fama, como era aquella infame samaritana. Una adoración que trasciende los lugares sagrados y, sobre todo, que conduce al encuentro con Dios, a la transformación y la reorientación de la vocación de la vida.

Para abordar este tema, primero haremos un análisis somero del texto bíblico, para luego articular conclusiones que orienten la práctica de la adoración a Dios. Procuraremos describir la naturaleza de la adoración, los distintivos de la verdadera adoración para arribar, finalmente, a recomendaciones prácticas.

La estructura de la narrativa está formada por siete interlocuciones que constituyen dos temas diferentes, pero complementarios: tres para el tema del agua viva —que, según Juan, puede significar la salvación y el ministerio del Espíritu Santo en las personas— y cuatro para la verdadera adoración al Padre. Esto quiere decir que la adoración está asociada a la práctica de una fe vinculada a la acción del Espíritu de Dios; procuraremos explicar esta relación a continuación.

El relato corresponde al ministerio de Jesús entre los despreciados y marginados por el judaísmo oficial (samaritanos y galileos), quienes terminan creyendo en Jesús como salvador; mientras tanto, su propia gente (los judíos) lo rechazan.

Juan indica que Jesús se vio obligado a salir de Judea para ir a Galilea por la hostilidad que se levantó contra él por parte de los judíos. Jesús pudo tomar la ruta por el lado este del río Jordán, pero Juan dice que le era necesario pasar por Samaria (4:4), indicando así un propósito divino detrás del encuentro y la conversación con la mujer.

El Evangelio explica que los samaritanos y judíos no se trataban entre sí (v. 9). Samaria era considerada por los judíos como un territorio impuro y herético. En el año 721 a. C., los asirios capturaron Samaria, deportaron a todos los israelitas (diez tribus del norte) y repoblaron el territorio trayendo gente de otras naciones y culturas. Cuando los judíos (el reino del sur) regresaron del exilio en Babilonia y se encontraron con esa mezcla racial, se produjo una ruptura irreconciliable.

Además, los samaritanos se consideraban fieles solamente a los cinco libros de Moisés (el Pentateuco). Esto significa que no tenían todos los libros de la Biblia hebrea. Hoy en día queda un reducido grupo de samaritanos en la aldea palestina de Nablús, cerca del pozo de Jacob, frente al monte Gerizim. Este monte, lugar de culto opuesto al de Jerusalén, era donde se creía que aparecería el Mesías a los samaritanos.[138] En tiempos de Nehemías, los samaritanos habían construido en Gerizim un templo rival al de Jerusalén, que fue destruido por Juan Hircano en el año 129 a. C.

Para los judíos, los samaritanos eran ritualmente impuros, y las mujeres samaritanas eran perpetuamente impuras, desde la cuna. Cualquiera que usara los mismos utensilios compartía la misma impureza. Esto explica por qué la mujer se sorprende de que Jesús tuviera el atrevimiento de pedirle agua.

El relato indica que Cristo, cansado del camino, pide agua, iniciando así el diálogo con aquella mujer desconocida a quien le revelaría grandes misterios desde la cotidianidad. La vida es siempre el escenario donde Dios se nos revela y también desde donde debemos adorarlo. Por eso, la vida privada de cada adorador condiciona la calidad, espontaneidad, creatividad y pasión con la que adora a Dios en el culto público.

Ante la petición de Jesús, la mujer responde desde su trasfondo cultural, su formación religiosa y teológica: «¿Y cómo es que tú, que eres judío, me pides de beber a mí, que soy samaritana? Y es que los judíos y los samaritanos no se tratan entre sí» (v. 9 RVC). Pero Jesús no sigue la lógica de la conversación; haciendo a un lado la diferencia cultural e ignorando las cuestiones ceremoniales, provoca a la mujer diciéndole: «Si conocieras el don de Dios...» (v. 10). En el judaísmo, el don de Dios era la Ley (la Torá).

Desde la teología juanina, el don de Dios podría ser Jesús mismo, el don del Espíritu representado en el agua y también el don del agua de vida eterna, que es lo que Jesús tiene en mente, según el contexto.[139] Precisamente por eso, el diálogo gira en torno al lugar adecuado para la adoración en la práctica de la espiritualidad judía. La mujer indica que sus padres, en oposición a los judíos, adoraron en Gerizim.

Después de que el templo fuera destruido por Juan Hircano en el año 129 a. C., los samaritanos siguieron usando el monte donde este se encontraba como lugar de culto. Se apoyaban para ello no solo en la tradición, sino también en la convicción de que el lugar sagrado (Betel)

---

[138] Hugo Zorrilla y Daniel Chiquete, *Evangelio de Juan: Comentario para exégesis y traducción* (Miami: Sociedades Bíblicas Unidas, 2008), p. 101.

[139] *Ibid*, p. 106.

era Gerizim (Génesis 28:17) y no Sion, donde el patriarca Jacob tuvo la visión de Dios.[140]

La respuesta de Jesús fue sorprendente, pues auguró que pronto los santuarios dejarían de ser el epicentro del culto y la adoración. El tiempo en el que ambos lugares serían obsoletos como centros de adoración estaba cercano. Jesús utiliza el término en plural, "adorarán", un término genérico que se refiere a toda la gente, no solo a la samaritana; así inicia Jesús la era del culto universal. Relativiza todo santuario o templo que pretenda reducir la fe y la adoración a un lugar particular. Esta declaración también advierte que no es posible monopolizar la adoración: Dios no es propiedad de nadie y cualquiera puede adorarlo, en tanto en cuanto lo haga en «espíritu y verdad» —lo que podríamos llamar *características de la verdadera adoración*—.

Jesús deja en claro que la adoración es una cuestión que implica conocimiento de Dios a través de las Escrituras. Este conocimiento adquiere categoría de revelación, en la que la persona del Espíritu Santo juega un papel importante, iluminando la mente del adorador para que pueda percibir la revelación divina. Esta enseñanza de Jesús dispara varios desafíos.

Primero, Jesús remite la adoración a una relación con Dios, donde el conocimiento personal tiene prominencia sobre el lugar y los rituales a los que estaban acostumbrados judíos y samaritanos.

Segundo, Jesús describe la naturaleza de la adoración. La verdadera adoración debe hacerse en espíritu y verdad. Esto indica que el culto procede desde el interior de la persona, lo que contrasta con la religión ritualista de ceremonias vacías, en la que solo se realizan actos sin devoción. Esta idea ya estaba en el pensamiento de los antiguos profetas (Amós 5:21-25; Isaías 1:11; Jeremías 6:20; Salmos 50:7-23).

En la teología juanina, el término "verdad" designa al mismo Jesús (14:6). La declaración «Dios es espíritu» significa que Dios pertenece a

---

[140] Gerizim fue escenario de muchos acontecimientos bíblicos relevantes, tanto a nivel espiritual como político. Por allí pasó Abram y erigió un altar a Dios (Génesis 12:6, 7). Posteriormente Jacob compró esa tierra y la dejó en herencia a los hijos de José (Génesis 33:18-20; 48:22). Los restos de José fueron enterrados en una parcela de esos campos (Josué 24:32). En tiempos de Josué se celebró la asamblea para renovar la alianza (Josué 8:30-35; 24:1-28). En Siquem se congregó todo Israel para proclamar rey a Roboam, pero fue allí también donde se inauguró el reino de Israel con Jeroboam (1 R 12:1-25). En Gerizim, los samaritanos, quizá en tiempos de Nehemías, construyeron un altar para adorar a Dios, que posteriormente Antíoco Epifanes profanó y Juan Hircano terminó de destuir en el 129 a. C.

una esfera superior, a una realidad que trasciende a la nuestra. También podría interpretarse como que Dios no está limitado a una ubicación geográfica de adoración. Jesús deja en claro que el verdadero culto no depende de un lugar determinado, por muy venerable que este pueda ser. El Padre celestial no está atado a ningún lugar ni es propiedad de ninguna religión.

Tercero, Jesús termina el diálogo proclamando abierta y claramente su mesianismo. El Mesías no estaba por llegar, sino que se encontraba ya presente. Había sido enviado por Dios para anunciar todo lo relacionado con Dios y su reino. Su misión mesiánica era una misión reveladora.

Para revelar su identidad, Jesús hilvana varios temas: la acción del Espíritu Santo en la salvación, la adoración universal y su mesianismo. Esto quiere decir que la adoración a Dios está ligada a la experiencia de la salvación. Aquellos que han experimentado la salvación irrumpen en adoración a Dios. Cualquiera puede cantar, pero adoran únicamente aquellos que han tenido una revelación de Dios y han sido provocados a una relación con Él. Adoran quienes han experimentado la salvación de Dios.

7.1. Naturaleza de la adoración

La adoración implica todas las actitudes del hombre hacia Dios en respuesta a quién es Él. Precisamente por eso, la adoración requiere conocimiento proposicional o intelectual de Dios y experiencias o encuentros que permitan una comprensión de Dios que supere los conceptos y las descripciones. Por eso, la adoración también puede definirse como la respuesta a la revelación de Dios, que implica amor, devoción y entrega, para lo cual necesariamente intervienen la mente, el corazón y todas las facultades del ser humano (Deuteronomio 6:5; Marcos 12:30; Mateo 22:37-39).

Dios es el objeto de la adoración y la adoración tiene el propósito de agradarle, exaltarlo y darlo a conocer entre las naciones. El Dios que se revela en la Biblia es un ser personal que gusta de esos gestos de amor de los seres humanos; por eso habita en medio de la adoración (Salmos 22:3), pues la adoración es como enamorar a Dios. ¡El Señor no se resiste a la verdadera adoración!

La adoración conduce a encuentros con Dios. Existen prácticas que propician esas experiencias, tales como el ayuno, la oración o la lectura de las Escrituras; la adoración necesariamente implica la interacción con esas disciplinas. Cuando se practican dichas disciplinas, se conoce mejor a Dios y se adora con mayor pasión y entrega.

Existe también una relación entre la adoración y la alabanza. La adoración está centrada en quién es Dios y la alabanza en lo que Él hace. Precisamente por eso, la adoración está acompañada de alabanza, ya que ambas son una respuesta natural a la grandeza de Dios y expresiones de agradecimiento por sus favores. «Un aspecto distintivo de la alabanza concierne a su esencia extrovertida. Se caracteriza por la celebración y la alegría, y se expresa con cantos, gritos, expresiones orales, el toque de instrumentos musicales y otras formas externas».[141] Dios es glorioso y merece la mejor ovación que los seres humanos puedan producir.

También la alabanza debe declararse o manifestarse. Es decir, la alabanza existe cuando se expresa o demuestra. No es posible alabar a Dios con la boca cerrada y el cuerpo encorvado. La alabanza incluye diversos instrumentos, artes escénicas y exclamaciones corporales que se dan según la personalidad de cada individuo.

La adoración tiene tanto una dimensión privada como una pública. La dimensión privada tiene que ver con la devoción diaria, conectada con el ejercicio de las disciplinas espirituales, las decisiones y las acciones cotidianas.

En relación a la dimensión pública de la adoración, esta se expresa a través del culto colectivo donde se celebra a Dios y se da testimonio de su persona y sus bondades. La manera en que los cristianos adoran a Dios es un testimonio de quién es Dios. Por eso es necesario una alabanza con excelencia, con letras bíblicamente coherentes, que hablen correctamente de Dios y de su gracia para el mundo.

La celebración de cada culto público debe ser bien planificada y organizada con mucha dedicación. Desafortunadamente muchas iglesias tienen el mismo programa por muchos años, han caído en un ritualismo sin sentido. Otras han rechazado, incluso abiertamente, la innovación y la creatividad que deberían ser propias de cada culto que presentamos a Dios.

Es tiempo de planificar y celebrar cultos que agraden a Dios y, al mismo tiempo, sean culturalmente relevantes, de tal modo que

---

[141] Bob Sorge, *Exploración de la adoración* (Miami: Editorial Vida, 1993), p. 12.

presenten a un Dios extraordinario tal como se revela la Biblia para que las personas puedan comprenderlo, sorprenderse y adorarlo.

7.2. Distintivos de la adoración

La narrativa que venimos comentando sugiere que la adoración debe tener algunos distintivos.

Teocéntrica en vez de antropocéntrica. Jesús dijo: «Ahora es cuando los verdaderos adoradores adorarán al Padre» (Jn 4:23). Los antropólogos afirman que el deseo de adorar a un ser superior es universal, parte de la naturaleza humana. El hombre debe adorar algo o a alguien.

El culto cristiano está dedicado a Dios; creemos que fuimos creados para la alabanza de su nombre. Por eso, la adoración debe estar dirigida solamente a Él. Sin embargo, mucho de lo que se dice adoración es realmente para entretenimiento de los participantes de los cultos. Al parecer, se ha olvidado que Dios es el centro de la adoración y quien debe ser agradado en cada culto. Adoramos como a nosotros nos gusta en vez de adorar como a Él le agrada. Al analizar las canciones, notamos que muchas veces están centradas en nuestros gustos, en lo que nos alegra y satisface; incluso quienes dirigen los cultos suelen preguntar: «¿Cuántos se gozaron con estos cantos?». Aunque reconocemos que la alabanza y la adoración a Dios resultan en alegría y gozo del adorador, debe quedar en claro que no es ese el objetivo principal, pues la adoración es para agradar a Dios.

Para los cristianos, la adoración ha de tener un distintivo cristológico porque Dios Padre ha exaltado a Jesucristo como Señor de todo y de todos. El texto más explícito es Filipenses 2:9-11, que literalmente dice: «Por lo cual Dios también le exaltó hasta lo sumo, y le dio un nombre que es sobre todo nombre, para que en el nombre de Jesús se doble toda rodilla de los que están en los cielos, y en la tierra y debajo de la tierra; y toda lengua confiese que Jesucristo es el Señor para gloria de Dios Padre» (RVR1960). Este texto es conocido como "el cántico cristológico" porque describe la manera en que Jesucristo se encarnó, se humilló y murió por nuestros pecados; también describe el lugar que el Padre le otorgó como recompensa.

Tanto la predicación apostólica (Hechos 4:33) como la alabanza de la iglesia primitiva se centraron en la resurrección de Cristo, en su triunfo sobre el pecado y la muerte (Lucas 24:46-49). Para Pablo, ese era el corazón del mensaje que predicaba (Filipenses 3:10) y el motivo de celebración de la iglesia (1 Timoteo 3:16). También en el cielo, donde la alabanza y adoración es genuina, se reconoce a Jesús como digno de recibir toda gloria, honra y alabanza por la salvación que ha otorgado (Apocalipsis 5:9; 7:10).

Coherentemente bíblica. Jesús dijo a la samaritana: «Ustedes adoran lo que no saben» (Jn 4:22 RVC). Como ya se indicó anteriormente, los samaritanos no tenían el Antiguo Testamento completo, sino solamente los cinco primeros libros (la Torá), lo cual indica que Jesús estaba enseñando que la adoración no es posible a partir de la ignorancia o un conocimiento parcial de la persona a quien adoramos. No podemos adorar a alguien que desconocemos. Los samaritanos tenían la revelación incompleta de Dios, y por eso su adoración era incompleta. Por tanto, la adoración bíblica es la que está acorde a la enseñanza de las Escrituras en su contenido, expresiones y motivaciones.

El criterio para juzgar si la alabanza y la adoración son correctas no debe enfocarse en cuestiones superficiales, como el tipo de música, el ritmo u otras cuestiones técnicas. Más bien, debe discernir si el contenido es bíblicamente correcto y si Jesucristo es el centro de la adoración. Es necesario que los directores de alabanza y compositores estudien la Biblia y tengan conocimientos de teología; de alguna manera, son responsables de configurar la cultura de adoración de la iglesia. De hecho, la alabanza y la adoración son la mejor vía para publicar la teología.

Es inteligente. La adoración incluye todo nuestro ser; por eso debe hacerse con inteligencia. En 1 Corintios 14:15, Pablo dice que debemos «cantar con el espíritu, pero también con el entendimiento» (RVC). Para que la alabanza y la adoración sean genuinas, no deben ser una vana repetición ni cantar por cantar, sino algo consciente e inteligente. Una adoración que incluya la inteligencia nos hará caer ante Él de rodillas.

Es personal. Aunque la adoración tiene una dimensión colectiva, su esencia es la comunión personal con Dios. Se trata de una devoción individual que de vez en cuando (¿dos veces por semana?) se expresa en comunidad.

Es interesante ver la respuesta de Jesús sobre cómo deben ser la alabanza y la adoración genuinas. Él dice que el Padre es Espíritu; por lo tanto, los que quieran adorarlo, han de hacerlo en espíritu. Esto indica que debemos hacerlo según su naturaleza, no según nosotros creamos que es conveniente. ¡Para adorar a Dios debemos conocerlo porque la adoración es personal!

El espíritu es la parte inmaterial y más sublime del hombre, en el sentido de que es a través de nuestro espíritu que tenemos contacto con el Espíritu de Dios.

El espíritu es la esencia del ser. Es la fuente de los pensamientos, ideales y deseos más profundos. Jesús enseña que la adoración al Padre debe trascender a las cuestiones externas de los lugares y la liturgia, y se remite a lo profundo del corazón. Eso no quiere decir que los lugares y la liturgia no sean necesarios; más bien, esas expresiones deben ser motivadas por el corazón y la conciencia del adorador e implicar el pensamiento, el cuerpo, las fuerzas y demás facultades humanas. Aunque la adoración a Dios se hace colectivamente, lo que cuenta es cómo nos ofrecemos individualmente a Dios.

Es auténtica. La verdad también es una característica moral del Padre. Dios es verdad, Jesús es verdad. Entonces, la verdad no es un concepto, es una persona: Dios. Esta característica describe la actitud del adorador, quien ha de adorar con sinceridad. Esto significa que la adoración genuina es un estilo de vida; no es lo que ofrecemos o decimos, sino lo que somos ante Dios. Lo que los labios expresan a Dios debe ser una confirmación de la vida que vivimos delante de Él.

Quizá esto explique por qué, cuando la mujer samaritana se dio cuenta de que era pecadora, pidió que Jesús —a quien calificó de profeta— le dijera dónde era el lugar correcto para encontrarse con Dios. La respuesta de Jesús fue que el lugar correcto para encontrarnos con Dios es la adoración genuina.

7.3. La adoración y las artes

La adoración a Dios siempre va a motivarnos a utilizar todos los sentidos, ya que se debe hacer con todo el corazón, con la mente y con todas las fuerzas. Hablaremos a continuación de las artes y la tecnología.

Muchas iglesias tienen un ministerio de danza; no discutiremos aquí si ese ministerio es bíblico, pero lo que sí es evidente es que la danza es una expresión humana de alegría y gozo, como el que se produce en el encuentro con Dios.

Los instrumentos deben ser ejecutados con maestría para agradar a Dios. Si es para Dios, la música debe interpretarse con excelencia, creatividad e innovación. Se trata de agradar al ser más exigente del universo.

De igual manera, la tecnología debe ser puesta a los pies de Jesucristo. Debe aprovecharse de la manera más adecuada, según el contexto y los recursos lo permitan, considerando que son una herramienta para honrar a Jesucristo y estimular a los demás a adorar, pero nunca un sustituto y menos un estorbo.

Cuando las artes escénicas y la tecnología son usadas con excelencia, se crea una atmósfera que invita a adorar a Dios. Quienes dirigen la adoración pública deben propiciar estímulos para que la mente capte la verdad de la realidad de Dios y el corazón responda a la hermosura, grandeza y majestad de Dios.

7.4. La adoración en el culto pentecostal

El culto es un tiempo en el que los cristianos expresan su fe en Dios, donde lo adoran mediante los cantos, la ofrenda, la lectura y el estudio de las Escrituras, el testimonio y la comunión con otros creyentes. Es la "fiesta del Espíritu", como lo ha llamado Darío López.

También el culto es un espacio para hacer teología, es decir, es una manera en que se construye y expresa la teología, pues a través del culto expresamos cómo comprendemos a Dios y cómo nos relacionamos con él, porque lo que sucede en nuestro interior condiciona cómo nos expresamos en el culto a Dios.

Para López, hay cuatro distintivos que han articulado y modelado el culto pentecostal: «La oración ferviente y espontánea, el canto alegre y festivo, el testimonio ferviente y espontáneo, y la predicación apasionada».[142] El canto alegre y festivo es expresión de la esperanza al respecto de sus innumerables favores en relación con nuestra liberación del pecado.

También debemos reconocer que el culto es un espacio de edificación y transformación. Cuando nos encontramos con otros creyentes, ejercitamos los dones espirituales y juntos adoramos a Dios, esto resulta en restauración y edificación. Por eso, el culto público ofrece una oportunidad de transformación integral.

---

[142] López, *La fiesta del Espíritu*, p. 26.

El culto también provee un espacio para la sanidad física mediante el ejercicio de los dones espirituales, y también para la sanidad emocional, dado que se abraza y acoge a todos, sin importar su trasfondo.

El culto es un también espacio para testificar públicamente quién es Dios, lo que ha hecho por la humanidad y que es posible tener una relación con Él.

En pocas palabras, el culto es un espacio para dar adoración a Dios, donde Él ministra a sus hijos dando regocijo, alegría, sanidad, liberación y otros muchos bienes.

7.5. El desafío de adorar

Jesús escogió a una mujer para cambiar el paradigma de la adoración y mostrar la era de un culto universal. En el contexto de la época, las mujeres eran subestimadas y más las extranjeras.

Sorprende cómo esta mujer demuestra tener una formación religiosa, parece comprender el trasfondo histórico de su fe y tiene la capacidad de reconocer a Jesús como alguien con una espiritualidad superior; incluso lo reconoce primero como profeta, cosa que muchos judíos, incluidos los fariseos, no eran capaces de percibir.

Cuando Jesús percibe la apertura y sensibilidad espiritual que la mujer tiene, le revela la esencia del culto a Dios. No se remite a un lugar, sino a la actitud: una adoración en espíritu y verdad. Esta adoración solo es posible en un corazón que ha nacido de nuevo, una espiritualidad que ha superado los prejuicios raciales y el exclusivismo religioso. Una adoración que no se suscribe a rituales, sino a devoción, a búsqueda sincera de comunión y relación con Dios.

La mujer cumple una función evangelística y apostólica. Ella dice a sus compatriotas: «Venid y ved» (Jn 4:29). Ella es la que convoca a la gente a encontrarse con Jesús. La mujer con un historial sexual polémico se convierte en la que conduce a su pueblo al encuentro con Jesús; y, de hecho, «muchos de los samaritanos de aquella ciudad creyeron en Jesús por la palabra de la mujer» (v. 39).

Este relato también debe leerse en clave misionológica, pues Jesús está saliendo del territorio de los judíos para encontrarse con una samaritana, una impía, una que está fuera del pacto. El relato termina cuando esta mujer anónima se convierte en una evangelista y muchos son salvos por creer en Jesús.

Sin temor alguno podemos afirmar que la adoración genuina es aquella que nos lleva a un encuentro con Dios y también propicia un ambiente adecuado para la manifestación y revelación de Dios. Donde hay verdadera adoración, allí está presente Dios, y cuando Dios está presente, suele actuar liberando, sanando, salvando, restaurando, fortaleciendo y demás acciones que muestran su amor por sus hijos.

¡Es tiempo de crear una atmósfera de adoración en cada iglesia local para que este mundo experimente la gloria de Dios!

8

Movido por el Espíritu

En búsqueda de una espiritualidad pentecostal auténtica

> La espiritualidad da un sentido más profundo a nuestras vidas y nos estimula, motiva y da dinamismo a lo largo de la vida. Es energía para una vida que se puede vivir en su plenitud y exige el compromiso de resistir a todas las fuerzas del mal, y a los poderes y sistemas que niegan, destruyen y menoscaban la vida.[143]
>
> *Elizabeth Salazar*

La espiritualidad es parte de la naturaleza humana.[144] Aun las sociedades secularizadas reconocen la importancia de cultivar la espiritualidad y tienen apertura a cuestiones espirituales, aunque esto no represente necesariamente una perspectiva cristiana ni bíblica. De hecho, la posmodernidad ha dado un vuelco hacia la espiritualidad y el misterio que ha derivado en sincretismo.

---

143 Elizabeth Salazar, "Juntos por la vida y la vida en el Espíritu". En *Hechos, una perspectiva pneumatológica*, Vol. 1, N.° 2, Junio 2019 (Tennessee: CTP Press, 2019), p. 31.

144 Por mucho tiempo se pensó que la espiritualidad era cuestión de las religiones. Sin embargo, «la secularidad, las mismas ciencias físicas y microbiológicas, han hecho ver que la espiritualidad es, simplemente, patrimonio de lo humano. No es la espiritualidad un subproducto de la religion, es algo que se da en todo ser humano… lo que la cultura secular pone en crisis no es la espiritualidad, sino la religión. Aquella goza de buena salud, mientras que esta se sume en la perplejidad e incertidumbre» (Fidel Aizpurúa Donazar, *Qué se sabe de la espiritualidad bíblica* [Navarra: Editorial Verbo Divino, 2009], p. 18).

Hablar de espiritualidad cristiana es hablar de un estilo de vida en armonía con el propósito de Dios que se concreta en una manera de pensar, sentir y actuar coherente con Jesucristo como modelo de la nueva humanidad. La espiritualidad es un don y una tarea; requiere de comunión con Dios (contemplación) y acción en el mundo (praxis). La contemplación sin acción es evasión de la realidad; la acción sin contemplación es activismo vacío de significado.[145] La espiritualidad, entonces, es un modelo de vida en comunión con Dios.

Según el evangelio de Jesucristo, la espiritualidad presupone una vida guiada por el Espíritu en el proceso de seguir a Jesús, que impulsa a la persona a poner "su mirada" en el reino de Dios. En este sentido, la espiritualidad bíblica que Jesús nos propone también está relacionada con la paz, la libertad y la solidaridad, entre otros valores del reino de Dios. Por eso, la espiritualidad auténtica se da en el seguimiento de Jesús.

Ahora bien, la espiritualidad tiene una expresión subjetiva, razón por la cual no se puede definir con precisión. Cada contexto ofrece sus propias características, condicionadas por la experiencia de fe, la formación teológica, la comunidad a la que se pertenece y otros factores. Por eso, hay que recurrir a las Escrituras para construir una teología de la espiritualidad que sea coherente con el evangelio de Jesucristo.

Las expresiones de la espiritualidad van cambiando; por eso, hay que entender la espiritualidad de forma plural, es decir, sabiendo que se concreta de formas diversas: en lo que cantamos, en la comunidad, en la forma en la que cumplimos nuestras responsabilidades sociales y familiares, etc. La vida diaria es el territorio donde se vive y expresa la espiritualidad.

8.1. Espiritualidad en la posmodernidad

El creciente secularismo, la revolución tecnológica y científica, el estrés de la vida materialista y el ímpetu de la posmodernidad podrían hacernos pensar que estos tiempos no son propicios para construir una espiritualidad; sin embargo, sucede todo lo contrario: por todos lados vemos expresiones de espiritualidad.

---

[145] René Padilla, "La espiritualidad en la vida y misión de la iglesia". En *La fuerza del Espíritu en la evangelización: Hechos de los apóstoles en América Latina*, René Padilla (Ed.) (Buenos Aires: Ediciones Kairós, 2006), pp. 186-187.

Israel Batista observa que, en la espiritualidad posmoderna,

> solo cuenta el sentirse bien. Es el enfrentarse a una sociedad posmoderna caracterizada por el diluir las convicciones fuertes y el surgimiento de una sensibilidad muy ligera y sin lealtades firmes. En esa búsqueda de una espiritualidad de significado para la persona contemporánea, se pueden asimilar prácticas del mercado religioso, donde la espiritualidad se vende como una mercancía con el objetivo de obtener resultados concretos y medibles.[146]

Esto quiere decir que la espiritualidad en la posmodernidad ha llegado a ser una mercancía religiosa más para los consumidores hedonistas; su fin es hacerlos sentir bien, no precisamente un estilo de vida que responda al compromiso con Jesucristo y su reino.

También debemos considerar la espiritualidad superficial que se ha instalado en la iglesia. Richard de Sousa afirma que, en esta época, muchos cristianos viven la paradoja de un activismo religioso incomparable y, al mismo tiempo, un vacío espiritual. El autor califica dicho activismo como una máscara que cubre el vacío relacional con Dios y señala que la crisis en la espiritualidad tiene sus raíces en la carencia de afectividad. Es posible que sepamos de Dios, pero nuestra experiencia personal y afectiva con Dios es pobre. Tal pobreza está limitada por la falta de estudio bíblico, la influencia del mundo y las experiencias afectivas negativas, las heridas relacionales y carencias emocionales que entorpecen nuestra relación con Dios y con los demás.[147]

Por otro lado, tenemos una espiritualidad condicionada por el pragmatismo y el utilitarismo. Muchos buscan a Dios por los beneficios que podrían obtener. Es una espiritualidad condicionada por la teología de la retribución, en lugar de una devoción del corazón donde se ama y sirve a Dios por quién es Él.

En la espiritualidad de este tiempo, cualquier experiencia religiosa es validada toda vez resulte en dividendos para quien la practica. Por ejemplo, muchos ayunos y oraciones se realizan en función de buscar milagros.

También puede observarse una espiritualidad sincretista, especialmente entre los pentecostales y neopentecostales. Con el afán de

---

[146] Batista, *El Espíritu Santo*, p. 122.

[147] Ricardo Barbosa, *Por sobre todo, cuida tu corazón: Ensayos de espiritualidad cristiana* (Buenos Aires: Ediciones Kairós, 2005), p. 10.

brindar una experiencia sensorial, muchos pentecostales, especialmente en las áreas rurales, han creado un sincretismo de prácticas mayas, hechicería y disciplinas espirituales cristianas. Es común encontrar personas que hacen oraciones para "limpiar" casas, negocios, vehículos, personas, viajes y trabajos. Los neopentecostales también incluyen prácticas esotéricas y de psicología en su espiritualidad, como los decretos o el pensamiento y la declaración positiva, entre otras expresiones que no corresponden a la espiritualidad cristiana y bíblica.

En la posmodernidad hay una gran apertura hacia las cuestiones espirituales, pero es una espiritualidad sincretista y antropocéntrica; en lugar de estar centrada en Dios se centra en el hombre. También es hedonista porque busca el placer y el beneficio del practicante; es una espiritualidad basada en la teología de la retribución en vez de la comunión amorosa con Dios.

8.2. Búsqueda de una espiritualidad bíblica

En esta época, marcada por la búsqueda de la autorrealización personal mediante logros y cosas, la espiritualidad se ha convertido en un instrumento de manipulación, es decir, se busca a Dios por lo rentable que resulta, por las bendiciones que otorga. Por eso, el desafío es vivir una espiritualidad que permita sacar del corazón lo mejor que tengamos y ofrecerlo al Señor, adorarlo y servirlo por el hecho de que Él es Dios. Este tipo de espiritualidad requiere conocer personalmente a Dios.

Para construir una teología bíblica de la espiritualidad, consideraremos varios relatos evangélicos, comenzando con Juan 15. En los primeros 17 versículos, Jesús deja en claro la relación que debe existir entre Él y sus discípulos. Esta relación es la misma que hay entre Jesús, el Padre y el Espíritu Santo, a quien prometió a los discípulos en el capítulo anterior (Juan 14).

Para Jesús, el sentido primario de la espiritualidad es la relación que existe en la divinidad. El Dios que se revela en la Biblia es un Dios que existe en Trinidad y, por consiguiente, es amor y comunidad. La naturaleza de Dios es esencialmente relacional y esa relación está marcada por el amor. Por eso Jesús dijo a sus discípulos en el preámbulo de su crucifixión: «No los dejaré huérfanos; vendré a ustedes… mi Padre lo amará, y vendremos a él, y con él nos quedaremos a vivir» (Juan 14:18, 23b RVC).

Fuimos creados para amar y tener comunión con Dios. Precisamente es lo que Jesús quiere dejar en claro en el capítulo 15 de Juan. La expresión que se repite alrededor de diez veces es permanecer o permanencia, lo cual indica que es un concepto relevante. Esa permanencia debe ser precedida por el amor, tanto para Dios como para el prójimo: «Así como el Padre me ha amado, así también yo los he amado a ustedes; permanezcan en mi amor» (Juan 15:9 RVC).

Ahora bien, Jesús dice que, para permanecer en su amor, es importante obedecer sus mandamientos: «Si obedecen mis mandamientos, permanecerán en mi amor; así como yo he obedecido los mandamientos de mi Padre, y permanezco en su amor» (Juan 15:10 RVC). La espiritualidad comienza entonces con la búsqueda de Dios para desarrollar una comunión por amor, donde participan los afectos del corazón y desde donde nace el deseo de obedecer a Dios.

Este concepto busca conciliar dos posturas en los cristianos. Por un lado, la espiritualidad cognitiva o teológica, en la que la articulación doctrinal es clave para la relación con Dios; este modelo es más dogmático, pero menos personal, y no hay mucho espacio para los afectos. Por otro lado, la espiritualidad subjetiva, como la pentecostal, donde la experiencia con el Espíritu Santo es relevante y más emotiva, pero carente de orientación teológica.

El paradigma bíblico de la espiritualidad demanda involucrar a todo el ser para la comunión con Dios. Marcos 12:30 dice: «Y amarás al Señor tu Dios con todo tu corazón, y con toda tu alma, y con toda tu mente y con todas tus fuerzas» (RVC). La espiritualidad implica demostrar y expresar afectos a Dios. Es una búsqueda impulsada y condicionada por el amor y para el amor; por eso involucra al corazón, porque es ahí donde nace la devoción, además de ser la fuente de todos los afectos que condicionan la voluntad.

Por tanto, precisamos de una teología que nos despierte a una relación personal y verdadera con Dios, que nos encamine hacia el llamado de Dios de participar en la eterna comunión que el Padre, el Hijo y el Espíritu gozan. Una teología más espiritual debe ocuparse de la conversión de las emociones y no solamente de la conversión de las convicciones.[148] Debe ser una teología que nos impulse a amar a Dios con todo el ser y servirlo con compromiso en la edificación de su reino.

[148] Barbosa, *Por sobre todo*, pp. 218-219.

8.3. Hacia una espiritualidad pentecostal

En la tradición pentecostal, la espiritualidad se construye a partir de la presencia y acción del Espíritu de Dios en la vida y la misión de las comunidades de fe que se fueron formando a partir de Pentecostés.

Según Israel Batista, la espiritualidad pentecostal nace de la necesidad de conversión personal a Cristo como experiencia transformadora y libertadora, lo que necesariamente conduce a la necesidad de experimentar el bautismo del Espíritu Santo.[149] Es decir, la espiritualidad comienza con el nuevo nacimiento y se va perfeccionando en el andar cristiano, que es un "andar en el Espíritu".

Es necesario considerar ahora la naturaleza de la salvación (desde donde se interpreta el nuevo nacimiento) y la experiencia del bautismo con el Espíritu Santo.

La naturaleza de la salvación. La Biblia utiliza una variedad de términos para describir la experiencia de la salvación. Por ejemplo, en el Antiguo Testamento, la idea principal de la salvación está asociada a liberar o rescatar (del hebreo *yasha*). La salvación equivale a ser libre de una situación de peligro o tiranía, o de un enemigo.

En el Nuevo Testamento, las palabras salvar (*sozo*) y salvación (*soteria*) tienen varios significados. Por ejemplo, los relatos de las sanidades de Jesús registrados en los Evangelios están acompañados por frases como: «Tu fe te ha salvado (*sesoken*)» (Mateo 9:22; Marcos 5:34; 10:52). En estos casos, claramente se puede ver que la salvación tiene una expresión física, no espiritual. Sin embargo, el término salvación se utiliza normalmente en el Nuevo Testamento para hablar sobre la libertad del pecado.

La salvación tiene las siguientes acotaciones. Primero, implica la *justificación del pecador*. La justificación tiene que ver con la posición del creyente ante Dios. Y describe la relación restaurada de una persona con Dios, pues el pecador que viene a Jesucristo ha sido absuelto de pecado y hecho justo ante Dios; la justicia de Jesucristo le es imputada.

Segundo, la salvación *presupone una nueva relación con Dios*. Eso es posible cuando hay arrepentimiento de los pecados. Ahí suceden la conversión y el nuevo nacimiento. La naturaleza pecaminosa ha muerto

[149] Batista, *El Espíritu Santo*, p. 122.

y dentro de esa persona arrepentida hay un cambio de naturaleza que se verá reflejada en un cambio de mentalidad (*metanoia*) y conducta.

La conversión y el nuevo nacimiento marcan el inicio de la vida espiritual e implican la ruptura con el pecado individual, social y estructural para tener la libertad de vivir conforme a los valores del reino de Dios. Así es como andamos en el Espíritu, en contraste con la vida antigua, caracterizada por la satisfacción de los deseos de la carne (Efesios 4:22-24).

Tercero, *el nuevo nacimiento tiene una exigencia ética*. Implica integrar los valores del reino de Dios a la vida y la conducta. Para eso se requiere de obediencia a Jesús; será la obediencia a la voluntad de Dios lo que les permitirá a los creyentes vencer las tentaciones que cada día se presentan.

Nacer de nuevo implica una nueva identidad que se expresa en una nueva ética. Nacer de nuevo es más que una experiencia religiosa, espiritual y subjetiva confinada a la esfera privada de la persona. Implica la adopción de un estilo de vida radicalmente distinto del que predomina en la sociedad circundante.

La salvación no solamente libera al ser humano del pecado, sino que le concede una nueva naturaleza para plantarse ante la vida desde una nueva realidad: la del reino de Dios que ya está presente. De ahí que la ética del cristiano esté estrechamente relacionada con la espiritualidad y deba reflejar la justicia, el amor, la solidaridad, la humildad, la verdad, entre otros valores del reino de Dios. La espiritualidad bíblica gesta una nueva sociedad, ya que brinda nuevos valores para vivir.

La experiencia del bautismo con el Espíritu Santo. Desde la perspectiva pentecostal, el bautismo con el Espíritu Santo es una experiencia empoderadora. Es una investidura de poder para el cumplimiento de la misión encomendada por Jesucristo.

Los pentecostales leen Hechos de los Apóstoles en clave hermenéutica carismática. Es decir, el bautismo con el Espíritu Santo «es carismático antes que soteriológico en carácter y debe ser distinguido del don del Espíritu (y aun del bautismo en el Espíritu en 1 Corintios 12:13) que Pablo tan claramente asocia con conversión y regeneración».[150] Por eso, el bautismo con el Espíritu Santo es diferente de la santificación y

[150] Robert Menzies, *Pentecostés: Esta historia es nuestra historia* (Missouri: Gospel Publishing House, 2013), p. 50.

el nuevo nacimiento. Cuando un discípulo es bautizado con el Espíritu Santo, se dice que ha sido empoderado para cumplir la misión.

Para Vondey, el «bautismo con el Espíritu Santo es una experiencia transformadora. Es una experiencia profunda y personal en la que el creyente regenerado y santificado recibe, en un encuentro sin precedentes, empoderamiento del Espíritu Santo para la vida cristiana».[151] Ese bautismo es investidura de poder para vencer el pecado, pues apunta a una experiencia de perfección cristiana. Es el bautismo con el Espíritu Santo el que capacita al discípulo para «andar en el Espíritu». Para Darío López, andar en el Espíritu

> tiene su punto de arranque en el nuevo nacimiento, se galvaniza con la llenura del Espíritu y se expresa en una conducta privada y pública basada en los principios de la buena noticia del reino de Dios, ya que el Espíritu que ha operado en el nuevo nacimiento capacita a los creyentes dotándolos de poder para el servicio y los acompaña en los distintos espacios sociales en los que deben dar testimonio de su fe en el Dios de la vida y Señor de la historia.[152]

El andar en el Espíritu tiene que ver entonces con ser guiados por el Espíritu de Dios. Esta condición es posible porque el Espíritu viene a morar en el cristiano. Por eso, los pentecostales hablan de la necesidad de la llenura del Espíritu de Dios como el impulso en el creyente a amar y obedecer a Dios. Pero esto no refiere a una obediencia ciega; más bien, «es una implicación total de la persona autónoma, un continuo tomar decisiones desde la perspectiva del evangelio… es un seguimiento a Jesús, es decir, sabiendo que las decisiones tomadas remiten continuamente a él como su fuente y sentido».[153] Eso quiere decir que las decisiones cotidianas del discípulo de Jesús deben ser guiadas por el Espíritu de Dios, lo cual requiere el conocimiento de la Palabra de Dios y el discernimiento espiritual que se desarrolla en la práctica de la oración.

La llenura del Espíritu indica que «la totalidad de la vida de un creyente… está sustentada, controlada e impulsada en todo tiempo por el

---

[151] Vondey, *Teología pentecostal*, pp. 93-94.
[152] López, *La fiesta del Espíritu*, p. 87.
[153] Aizpurúa, *Qué se sabe*, p. 36.

Espíritu Santo».[154] Por eso, solo quienes son obedientes a la dirección de Dios pueden "vivir en el Espíritu".[155]

Para andar en el Espíritu se requiere de ese "impulso" del Espíritu; en otras palabras: una vida dirigida por el Espíritu de Dios. El impulso del Espíritu no es una experiencia mística, sino más bien una disposición de ser guiado por Dios en cada circunstancia para vivir en santidad.

El hecho de andar en el Espíritu no enajena al discípulo de la realidad histórica, sino que lo capacita para gestar cambios significativos, por cuanto ha sido empoderado por el Espíritu para realizar la misión de Dios.

Afectos y espiritualidad. Anteriormente mencioné que existe una polarización en la espiritualidad: una inclinación a la dogmática por un lado y otra inclinación a la experiencia por el otro. Según la tradición teológica a la que estemos arraigados, privilegiamos una sobre la otra; la propuesta pentecostal, en particular, afirma que la espiritualidad bíblica implica la integración de creencias, prácticas y afectos.[156]

Land afirma que una de las cuestiones que ha permitido el crecimiento del movimiento pentecostal ha sido la dimensión de su profundidad. Es decir, la experiencia pentecostal trata con «las cosas profundas del corazón humano: los sentimientos, decisiones, motivaciones y disposiciones».[157] Eso explica la pasión de los pentecostales para buscar al Señor y para adorarlo hasta el quebrantamiento, y el porqué de su compromiso con la evangelización del mundo.

---

[154] López, *La fiesta del Espíritu*, p. 76.

[155] Según Pablo en Romanos 8, hay dos maneras de vivir: vida en la carne (*sarx*) y vida en el Espíritu. La vida en la carne se manifiesta de muchas maneras, pero especialmente en su incapacidad para agradar a Dios y cumplir su voluntad. Vivir en la carne es dejarse vencer por el pecado, es permitir su entrada e instalación en nuestra vida y consecuentemente la muerte, pues el pecado tiene un poder destructivo interior. Influencia en el centro mismo de nuestra alma y nos conduce a una vida de frustración. La vida bajo la influencia del Espíritu, por el contrario, es una vida de crecimiento constante en espiritualidad y santidad. El Espíritu Santo es quien nos motiva, ilumina y conduce a vivir en plenitud la vida que agrada a Dios (Alberto Roldán, *La espiritualidad que deseamos* [Buenos Aires: Publicaciones Alianza, 2003], pp. 100-102).

[156] Los afectos refieren a la esencia de las motivaciones, emociones, percepción, voluntad y entendimiento que condicionan las decisiones de las personas.

[157] Steven Land, *La espiritualidad pentecostal: Una pasión por el reino* (Quito: Editorial Semisud, 2009), p. 23.

En la experiencia pentecostal, la espiritualidad es una forma de vida donde el conocimiento, las creencias y los afectos son evocados por acciones concretas, especialmente acciones de amor para Dios y el prójimo.

Espiritualidad y oración. Para experimentar una transformación de tal manera que nuestros afectos más profundos estén inclinados hacia Dios y una vida de santidad es importante la práctica de la oración. Land dice: «Los afectos pentecostales adquieren forma y expresión en la oración que se ofrece a Dios».[158] No es una oración superficial, ni litúrgica, sino la agonía del corazón apasionado por ver el rostro de Dios y el cumplimiento de su voluntad en cada área de la vida.

Hay que advertir al respecto de algunas comprensiones equivocadas sobre la oración. En la religiosidad popular, la oración es entendida como autoterapia, como una técnica para alcanzar la realización personal, en la que el poder de la oración radica en el acto mismo de orar. Esta percepción está vinculada con el existencialismo, en el que la oración es un proceso de autoconocimiento, una manera como las personas interpretan sus problemas y realidad ante ellas mismas. Una manera de percibirse y encarar la realidad.

Para Barth, la oración es una expresión de gracia de Dios para nosotros y una invitación a la vida con Dios y para Dios; por eso, el acto primero de la labor teológica es la oración. Para Jaques Ellul, la oración es una renuncia a los medios humanos. Es un desnudarse, un abandono de todo aparato humano con el fin de colocarnos, sin armas, en las manos del Señor soberano, que es quien decide y realiza.[159]

La oración refleja dependencia de Dios, pues en ella llegamos a Dios con las manos vacías, confiando exclusivamente en su misericordia, pero, en otro sentido, también nos presentamos ante el trono de Dios con las manos llenas de las promesas divinas. Llegamos vacíos de las cosas, pero llenos de fe y esperanza.[160] La oración requiere fe. Richard Sibbes dijo: «La oración es… la voz de la fe, la llama de la fe… Si tenemos fe, entonces oraremos más; a más fe, más oración; cuando

[158] Land, *La espiritualidad pentecostal,* p. 169.

[159] Jacques Ellul, *La oración y el hombre moderno*. Citado por Donald Bloesch, *Orar es luchar con Dios* (Buenos Aires: Ediciones Kairós, 2004), p. 42.

[160] Bloesch, *Orar es luchar*, p. 43.

mayor la fe, mayor la oración».[161] Sucede entonces que la oración ejercita la fe, así como la fe informa la oración.

No cabe duda de que mediante la oración nuestra vida experimenta transformación. Dado que la oración presupone un encuentro con Dios, nuestros pecados son expuestos ante su gracia y somos invitados al arrepentimiento y a la renovación. A la vez, somos impulsados a vivir conforme a su voluntad y a participar en la construcción del reino de Dios.

Para clarificar nuestro entendimiento sobre la naturaleza y el propósito de la oración, consideremos someramente la oración conocida como *padre nuestro*. Según la versión de Mateo, Jesús dijo:

> Por eso, ustedes deben orar así: Padre nuestro, que estás en los cielos, santificado sea tu nombre. Venga tu reino. Hágase tu voluntad, en la tierra como en el cielo. El pan nuestro de cada día, dánoslo hoy. Perdónanos nuestras deudas, como también nosotros perdonamos a nuestros deudores. No nos metas en tentación, sino líbranos del mal. Porque tuyo es el reino, el poder, y la gloria, por todos los siglos. Amén. (Mateo 6:9-13 RVC)

Primero, la oración es un espacio y acontecimiento para el encuentro íntimo con Dios, quien es llamado «Padre nuestro», una categoría que denota familiaridad, comunión cercana, relación hogareña donde no hay espacio para formalismos. La oración es entonces, una experiencia donde se llega al regazo del Padre para disfrutar de comunión recíproca. Es decir, ambas partes hablan y escuchan. El hombre habla a Dios y Dios habla al hombre. Es un encuentro dialógico con Dios más profundo que las palabras, pero siempre racional y de amor.

La oración es la conversación del corazón con Dios. Es decir, donde participa todo nuestro ser y donde interactúan nuestra fe, emociones, esperanzas, tristezas y anhelos; la oración más completa es aquella que sale de lo profundo del corazón, donde se integran emociones y racionalidad. Por eso, un elemento clave en la oración es el amor. Aunque es verdad que la oración muchas veces es motivada por los temores, necesidades y otras búsquedas, el amor debe primar.

En la oración, Jesucristo juega un papel importante por cuanto es nuestro intercesor. Sin él, nosotros, pecadores, no podríamos

[161] Richard Sibbes. Citado por Bloesch, *Orar es luchar*, p. 44.

presentarnos delante de un Dios santo. Es por la fe que accedemos a los méritos de Jesucristo, confiados en sus promesas, en su amor y cuidado que lo impulsa a ayudarnos en nuestras diversas necesidades.

También existe una participación del Espíritu Santo en la oración. Dondequiera que el Espíritu Santo habite, allí hay oración, ya que es el Espíritu quien mueve a orar e instruye en la vida de oración. Es el Espíritu Santo quien nos faculta para entrar en comunión viviente con Dios. Es el Espíritu quien ora por nosotros y con nosotros (Romanos 8:15, 16). No se da una verdadera oración a menos que sea avivada y dirigida por el Espíritu Santo.[162]

Debemos acercarnos a Dios con confianza y a la vez con reverencia. Aunque Dios se ha acercado a nosotros y nos deja entrar a su trono de gracia por medio de Jesucristo, también debemos reconocer que Dios es Señor, soberano, el rey del universo. La piedad es una síntesis del amor y el temor de Dios.

Segundo, el clamor principal en la oración es la realización del reino de Dios en nuestra historia personal y social. Por eso, la oración implica un diálogo de cuestionamiento, tensión, contradicciones y argumentaciones, tal como lo hicieron los profetas que se enfrentaron a Dios (Jonás, Jeremías, Amós, entre otros).

En la oración descubrimos la necesidad de desarrollar la capacidad de discernir la voluntad de Dios y aprender a escuchar su voz, capacidad que da el Espíritu Santo en la medida que se ejercita el discernimiento espiritual. Esta "inteligencia espiritual" se desarrolla con el paso del tiempo en la presencia de Dios; no existe una forma **única** en la que Dios habla, pues Él tiene una particular forma de hablar con cada persona.

La oración verdadera no procura utilizar a Dios para los propios fines, sino más bien, busca averiguar cuál es la voluntad de Dios en medio de las circunstancias particulares. La oración entonces es el tiempo para sincronizar nuestras agendas personales a los propósitos de Dios. Es así como el reino de Dios se realiza en nuestra vida.

> Ese Dios trascendente viene a la realidad de cada individuo. Por eso, la idea de sincronizar nuestra agenda con la de Dios es relevante, pues Dios está dispuesto a realizar lo que él determina de antemano en conjunción con las acciones de hombres y mujeres,

[162] Bloesch, *Orar es luchar*, pp. 69-70.

> quienes son en sí mismos agentes libres. Su gracia no violenta la libertad hacia un propósito y una meta más elevados. Su plan está predeterminado pero el modo en que Él realiza este plan depende en parte de la libre cooperación de sus hijos... paradójicamente, nosotros solo entramos en la verdadera libertad si hacemos la voluntad de Dios, si vivimos en obediencia a sus mandatos. Perdemos nuestra libertad cuando rechazamos y desafiamos la gracia de Dios.[163]

La oración descansa sobre las promesas de Dios. Consideramos que es un medio para que Dios lleve a cabo su voluntad; por eso, «cuando Dios quiere hacer algo en la tierra, pone a su pueblo a orar».

Tercero, Jesús enseñó que la oración también sirve para expresarle a Dios nuestras necesidades básicas, pues Él dice que oremos pidiendo: «Danos hoy nuestro pan cotidiano». Junto a las necesidades, también podemos expresarle nuestros temores, contradicciones, frustraciones. La oración nos permite entrar en una condición donde esperamos fielmente el cumplimiento de las promesas del cuidado de Dios, a la vez que le damos a conocer nuestras necesidades —no para informar a Dios de nuestra condición, porque Él sabe de qué tenemos necesidad (Mateo 6:8), sino porque la vida debe ser compartida con Dios—.

Entonces, en la oración, el elemento de necesidad está siempre presente, pero es una necesidad iluminada por la fe y subordinada a la voluntad y la gloria de Dios.[164] Podemos orar con fervor pidiendo la intervención de Dios, pero no podemos manipularlo. Se hará su buena, perfecta y agradable voluntad.

Dios es Todopoderoso y puede contestar cada petición, pero elige hacerlo a su manera y a su tiempo. Por eso, no podemos manipularlo, no podemos abusivamente decretar ordenando que sucedan cosas. Eso es posible con los demonios, a quienes se debe ordenar en el nombre de Jesús que se vayan; pero a un Dios bueno y amoroso venimos en súplica, confiados en su amor y gracia que siempre lo hacen estar dispuesto para atendernos.

Cuarto, la oración debe ir acompañada de confesión de pecados, dudas, tentaciones y adversidades. Debemos también pedir ser librados del pecado y sus consecuencias.

---

[163] Bloesch, *Orar es luchar*, p. 57.

[164] *Ibid*, p. 44.

Además, la oración tiene una dimensión comunitaria que nos permite estar en armonía con los demás. Así como Dios nos perdona, nosotros debemos perdonar a quienes nos ofenden.

Fruto del Espíritu y espiritualidad. La nueva vida en Cristo debe tener virtudes que se reflejen en el carácter y las acciones; estas marcas son conocidas como "el fruto del Espíritu".

Estas virtudes son producidas por el Espíritu de Dios y vienen a ser la esencia del carácter de un cristiano; Pablo las describió en Gálatas 5:22, 23: «Mas el fruto del Espíritu es amor, gozo, paz, paciencia, benignidad, bondad, fe, mansedumbre, templanza...» (RVR1960).

Quien vive impulsado por el Espíritu de Dios, seguramente manifestará el fruto del Espíritu en su carácter, pues ha aprendido a darle paso a la vida del Espíritu.

8.4. Las disciplinas para el desarrollo de la espiritualidad

Dios ha dejado medios de gracia para estimular la vida en el Espíritu, los cuales son conocidos como disciplinas espirituales.

Entre las más importantes se encuentra el estudio de las Escrituras. Una espiritualidad auténtica y vibrante requiere ser nutrida por la Palabra de Dios. Si quitamos la Palabra de Dios, caemos en ideología y sincretismo, algo nocivo para la fe. Por eso, necesitamos una teología más espiritual que nos despierte y guíe a una relación personal y verdadera de amor con Dios. También necesitamos una espiritualidad más teológica que sea coherente con las Escrituras. Actualmente la espiritualidad está relegada a experiencias, muchas de ellas dudosas, que distan de la revelación de Dios en la Escritura.

David Ramírez dice que la vida espiritual no es un proceso de ajuste a los valores sociales dominantes, sino un camino que involucra crisis y transformación, en el que la tensión entre la Palabra de Dios y el mundo estará siempre presente. Esta tensión se da a través de dos movimientos: el primero es la confrontación entre la Palabra de Dios y el orden social, moral y religioso dominante. Un segundo movimiento es la confrontación entre la Palabra de Dios y nuestro mundo interior. Todos nosotros traemos de nuestro pasado memorias e imágenes que turban nuestra comprensión de Dios y de nosotros mismos. Es preciso dejar que la Palabra de Dios ilumine nuestro mundo interior, lo transforme y restaure nuestra vida a la imagen de Dios. Por eso, la Biblia como instrumento de transformación y crucifixión exige de nosotros una aproximación devocional. Reverencia y silencio son posturas básicas de quienes desean ser confrontados y transformados.[165]

La lectura, el estudio disciplinado, la meditación y la obediencia a Dios son condiciones necesarias para que la Palabra de Dios pueda producir el efecto transformador en nuestra vida. También la comunión con otros creyentes ayuda al crecimiento espiritual. En la espiritualidad pentecostal, la comunión se da por las nuevas relaciones que se establecen en el marco del reino de Dios y su realización en la historia, a la que todos somos llamados a participar.

Sin lugar a dudas, la espiritualidad se gesta en la comunión con otros discípulos, se nutre, se alimenta, se corrige, crece y da fruto en comunidad. A la vez, la espiritualidad gesta un nuevo tipo de comunión, más humana, fraternal, amorosa; está sustentada por el Espíritu y la Palabra de Dios.

Los cultos son considerados como «espacios de encuentro con el Dios de la vida; la espontaneidad y la alegría, el compañerismo y la mutua aceptación, el libre acceso y la recuperación de la palabra le otorgan precisamente ese sabor de fiesta y ese aroma característico del encuentro entre amigos entrañables, de compañeros de ruta, de reunión familiar».[166] La comunión con Dios se refleja pues en las relaciones con los demás.

8.5. Espiritualidad y nueva humanidad: El reino de Dios

El resultado de caminar con Jesús es un hombre nuevo, capaz de manifestar el reino de Dios, ya que la verdadera espiritualidad conduce al compromiso con Cristo y su proyecto. En ese sentido, la espiritualidad siempre tendrá una expresión de servicio a los demás.

---

[165] David Ramírez, "La Palabra y el Espíritu en la vida de la Iglesia". En *La Fuerza del Espíritu en la evangelización: Hechos del Espíritu en América Latina*, René Padilla (Ed.) (Buenos Aires: Ediciones Kairós, 2009), pp. 225-226.

[166] López, *La fiesta del Espíritu*, p. 27.

Debe ser una espiritualidad contemplativa y espiritual capaz de transmitir, no solo ideas o dogmas, sino la experiencia personal en Cristo.

También debe ser una espiritualidad profética: una rebeldía ética ante los patrones y estilos de vida que la sociedad posmoderna quiere imponernos. Es una rebeldía profética con profundo sentido de cuidado pastoral, pero con capacidad de reconciliar.[167]

8.6. Dones y ministerios para el ejercicio de la misión

Los dones y ministerios son los recursos que el Espíritu de Dios da a la iglesia para capacitarla en el cumplimiento de su función como agente del reino de Dios en la tierra. La iglesia es fundamentalmente una comunidad empoderada por el Espíritu para dar testimonio del Señor Jesucristo como Señor de toda la creación. Tal empoderamiento se da en términos de diversos dones y ministerios a los miembros del cuerpo de Cristo.

Los dones no son para provecho propio o individual, sino para la colectividad. Se expresan y desarrollan en el contexto de la comunidad, mientras se sirve a los demás. Los dones espirituales son dados para que el cuerpo de Cristo pueda ser edificado. La edificación es la meta, y ante ese horizonte, todos tienen algo que aportar (1 Corintios 12:11). Estos dones son muestra del amor de Dios para sanar, liberar, restaurar, edificar y transformar este mundo.

Hay quienes piensan que los dones son expresiones de santidad, pero en realidad los dones (*charismata)* son dados por gracia. Tampoco son un distintivo de madurez, sino un reflejo de la gracia de Dios para la iglesia y están disponibles para todo creyente.[168] Ya que la dotación espiritual no es coherente con la madurez, no debemos dejarnos vislumbrar por quienes manifiestan ciertos dones. Sin embargo, hay que reconocer que la madurez espiritual puede habilitar al discípulo para desarrollar el don del Espíritu de una manera más efectiva. Dios, por su parte, se deleita en "usarnos" a pesar de nuestras imperfecciones.

---

[167] Batista, *El Espíritu Santo*, p. 124.

[168] William y Robert Menzies, *Espíritu y poder: Fundamentos de una experiencia pentecostal* (Miami: Editorial Vida, 2004), p. 225.

Una iglesia que reconoce y experimenta la vigencia de los carismas del Espíritu habilita a sus miembros para desarrollar una acción misionera diversificada e integral. También debe propiciar espacios que permitan el desarrollo de los dones.

La espiritualidad, entonces, tiene diferentes expresiones y requiere de una variedad de prácticas para su ejercicio.

9

Porque de los niños es el reino de Dios

Discipulando a las generaciones emergentes

La educación integral para la vida forma el corazón, cuida el cuerpo y adiestra las manos.

Manfred Grellert y Harold Segura

El niño crecía sano y fuerte. Estaba lleno de sabiduría, y el favor de Dios estaba sobre él.

Lucas 2:40

En las Escrituras, los niños y niñas participan en las acciones redentoras de Dios y también son protagonistas de su proyecto en este mundo. Claramente podemos ver en la historia bíblica que Dios obra a favor de ellos y a través de ellos. Por ejemplo, cuando Agar e Ismael fueron echados de la casa de Abraham y se encontraban en el desierto enfrentado la muerte, Dios escuchó el llanto del niño e intervino para garantizarle la vida (Génesis 21:8-21). Cuando el niño estaba a punto de perder la vida, Dios vino a su rescate y le ofreció un futuro.

Por otro lado, vemos a una niña misionera por medio de quien Naamán y los de Asiria conocieron a Jehová (2 Reyes 5). El relato debe leerse en clave hermenéutica infantil. Pareciera que, cuando la niña hace su labor de misionera transcultural, Dios comienza a obrar, dejando en entredicho la lógica de los adultos y del poder. El relato indica que la piel de Naamán quedó como la de un niño, pudiendo decir algo diferente, puesto que Naamán era un adulto. Por tanto, todos estos detalles sugieren que la clave para interpretar el relato es la niñez.

Otros fueron llamados al ministerio siendo niños, como Samuel (1 Samuel 3), Jeremías (Jeremías 1) y Josías, quien fue rey a los ocho años (2 Crónicas 34).

Edesio Sánchez dice que la primera Navidad celebró, no la llegada de un guerrero adulto y poderoso, sino la irrupción del Dios todopoderoso en la persona de un niño vulnerable y, además, pobre. Para Lucas y Mateo, el evangelio de la salvación comienza con Dios hecho niño, lo cual establece una clave teológica.[169]

Por tal razón, es imperativo construir una teología que oriente el ministerio hacia los niños. Para ello, se deben considerar la naturaleza y los objetivos de la educación cristiana infantil y trazar líneas de acción pastoral, misionera y discipuladora para las nuevas generaciones.

9.1. Importancia de la fe en la formación de la niñez

No ha existido ni existirá ninguna persona en esta tierra con tanta influencia como Jesús. Aunque sabemos que era Hijo de Dios, también comprendemos claramente que fue auténticamente humano. Como tal, experimentó el proceso natural de desarrollo físico, emocional y espiritual, como cualquier otra persona. Eso quiere decir que tuvo niñez, adolescencia y juventud, con todo lo que eso implica.

En el desarrollo de su ministerio, Jesús demostró que estaba debidamente preparado. Como judío, conocía muy bien las Escrituras, las reinterpretó y contextualizó, practicó técnicas pedagógicas y también tenía conocimientos de su contexto histórico. Este desarrollo en Jesús tiene por lo menos dos factores importantes: la formación en su hogar y la influencia del templo.

El niño Jesús es presentado siempre cercano a sus padres y participando de los ritos de la fe judía: fue circuncidado a tiempo y presentado en el templo en conformidad con la Ley (Lucas 2:21, 22). A estas prácticas ordinarias se añaden dos sucesos extraordinarios: la confirmación de su vocación mesiánica por parte de dos venerables ancianos —Simeón (2:25-28) y Ana (2:36-38)— y el encuentro del niño con los maestros de la Ley, quienes se asombraron de su inteligencia

[169] Edesio Sánchez, "Y un niño los guiará". ¡El reino de Dios es cosa de niños!". En *Seamos como niños: Pensar teológicamente desde la niñez latinoamericana*, Nils Kastberg et al. (Buenos Aires: Ediciones Kairós, 2007), p. 55.

(2:46, 47).[170] El desarrollo integral del niño Jesús es el resultado del cuidado de la familia y la aportación de la fe, representada por el templo.

9.1.1 Incidencia de la familia en la formación de la fe

Seguramente el hogar de Jesús fue propicio para conocer a Dios y comprender el propósito para Él; enfáticamente, Jesús dijo: «¿Por qué me buscaban? ¿No sabían que tengo que estar en la casa de mi Padre?» (Lucas 2:49). María, su madre, fue gran ejemplo de esa conciencia y compromiso con los planes de Dios; en su momento, cuando fue visitada por un ángel para declararle lo que ella debía hacer, respondió: «Yo soy la sierva del Señor; cúmplase en mí lo que has dicho» (Lucas 1:38 RVC).

Esto quiere decir que los padres son responsables de la educación y formación de sus hijos, tal como dice Proverbios 22:6: «Instruye al niño en su camino, y aun cuando fuere viejo no se apartará de él» (RVR1960). La principal agencia de formación y desarrollo de la niñez es el hogar, la familia.

Este proceso implica la enseñanza clara de las Escrituras. No hay mejor sistema de creencias y valores que aquel que se halla expresado en la Palabra de Dios.

9.1.2 Importancia de la iglesia en la formación de los niños

Lucas nos recuerda que la formación de la niñez está en manos de la familia y, en segunda instancia, de la iglesia a través de los diferentes programas, especialmente de la educación cristiana infantil.

Lastimosamente, muchas familias no son como la de Jesús, y es allí donde se vuelve clave la participación de la iglesia en la formación de los niños. Siendo que la niñez es la etapa más decisiva en su formación y desarrollo, la iglesia debe tomarse en serio su labor misionera, pastoral y discipuladora. ¿Cómo debe educar la iglesia?

Educar para el desarrollo integral. La finalidad de la educación cristiana infantil es la formación para el desarrollo de las personas. Así lo afirma Lucas (2:40), que presenta un resumen del desarrollo integral de Jesús.

---

[170] Harold Segura, *Teología con rostro de niñez: Una perspectiva teológica de la infancia* (Viladecavalls: Editorial CLIE, 2015), p. 97.

Lucas utiliza dos expresiones para describir el crecimiento de Jesús. En 2:40 dice que crecía (gr. *auxáno*), término que refiere al desarrollo orgánico, a los años de vida y al desarrollo natural de una persona. Pero en 2:52, utiliza la expresión *prokopo,* que tiene que ver con el desarrollo o progreso integral, que sucede como resultado del esfuerzo propio. Este desarrollo involucra la dimensión biológica, psicológica, social y trascendente o espiritual. Esta última está relacionada con los valores, la religión y la espiritualidad. El desarrollo intelectual, físico, espiritual y social se encuentran aquí formando una unidad interrelacionada.[171]

Ahora bien, la formación integral implica ministrar todas las áreas de la vida humana. Lucas lo resume en tres dimensiones.

• *Procurar la sabiduría.* La sabiduría es la capacidad de usar el conocimiento para provecho personal y colectivo en la vida. Implica tener conocimiento y usarlo con prudencia y sensatez. La sabiduría da al ser humano entendimiento y profundidad para conocer la realidad de la vida y le otorga la capacidad para tomar las mejores decisiones.

En la teología bíblica, la sabiduría está ligada con el hacer la voluntad del Señor, con vivir la vida desde la perspectiva de Dios. Harold Segura afirma que, para los judíos, la sabiduría procedía de la consideración de la voluntad de Dios como la norma para ordenar el estilo de vida. Esa sabiduría se relacionaba con los valores de la vida diaria, con la formación del carácter de cada persona. Es muy probable que Jesús haya crecido en sabiduría como resultado de su permanente contacto con las Escrituras, las que escuchaba, meditaba, memorizaba y obedecía.[172]

En una sola frase, la sabiduría nos capacita para vivir bien. Es la sabiduría la que nos permite tomar decisiones correctas en la vida, y para ello, es importante el conocimiento. En ese sentido, el aprendizaje de las Escrituras es clave para la formación integral, pues brinda el conocimiento para la vida (Juan 5:29), como también las otras disciplinas del saber humano.

Por tanto, la formación de las nuevas generaciones requiere de mentores, de personas que los preparen para triunfar en la vida, para superar las tentaciones y el pecado, para encarar los desafíos, las adversidades y demás situaciones de la vida con entereza.

---

[171] Segura, *Teología con rostro*, pp. 99-100.

[172] *Ibid*, p. 100.

Los mentores deben inspirar a estas nuevas generaciones a una nueva y mejor vida. Deben mostrarles con el ejemplo que se pueden superar los siglos de violencia, pobreza, drogas y demás males que puedan condicionar la vida de los niños. Los mentores deben ser ejemplos de una vida plena.

Las personas que se dedican a la formación de los niños deben ser sabias y conocer bien las Escrituras y demás disciplinas del conocimiento humano para poder depositar en ellos un apropiado conocimiento y formarlos en una cosmovisión adecuada de la realidad, de Dios, de la iglesia y de demás aspectos de la vida.

• *Propiciar el crecimiento físico saludable.* El texto dice que Jesús crecía en estatura, lo cual se refiere al desarrollo físico. Como para Dios cada área de la vida es importante, también para nosotros deben serlo el cuidado y el desarrollo físico de los niños. Crecer en estatura implica cuidado del cuerpo y promoción intencionada de la salud.

La alimentación aporta la energía para realizar las diferentes funciones. También ayuda a desarrollar anticuerpos para evitar enfermedades. Como es lógico, esta tarea corresponde a la familia, que es la que debe proveer alimentos saludables y ayudarlos en la formación de hábitos adecuados de vida (higiene, horario de sueño, ejercicio físico) y condiciones adecuadas para la vida (abrigo, vestuario, recreación, entre otras). Sin embargo, existen muchos niños que no tienen estas condiciones y la iglesia debe extender la mano para favorecerlos.

También se los debe ayudar en la aceptación de sus condiciones físicas, pues todos son hechos a la imagen de Dios; el Señor creó a cada uno con especial cuidado.

• *Estimular la inteligencia relacional.* Jesús también crecía en gracia para con Dios y los hombres. La gracia se refiere a la buena opinión que los demás tienen de nosotros. Para eso se requiere una buena formación del carácter, que se refleja en las relaciones interpersonales. La vida humana necesita de relaciones, puesto que sin ellas no serían posibles la existencia ni el desarrollo personal.

El texto claramente indica que Jesús había construido buenas relaciones en dos direcciones: a) gracia con Dios, pues Jesús cultivó muy bien su relación con el Padre —en los Evangelios encontramos evidencia de esa extraordinaria relación, al punto de que Cristo no hacía nada que no viera hacer al Padre (Juan 5:19)—; y b) relación con los demás —a pesar de que los Evangelios presentan que Jesús tuvo choques con algunas personas, como los fariseos, Él realmente fue una persona agradable; ancianos, mujeres, ricos, pobres, enfermos y niños querían conocerlo y compartir con él—.

La capacidad de cultivar relaciones interpersonales saludables ayudará al desarrollo de la persona: le abrirá puertas, le permitirá desarrollar proyectos significativos, le dará satisfacción y realización personal, lo ayudará a construir equipos de trabajo de alto nivel, entre muchos otros beneficios.

Para tener buenas relaciones con los demás se debe tener una buena relación con uno mismo, por lo que hay que cuidar el corazón de la amargura, del resentimiento, de temores y otras emociones tóxicas. En este proceso de desarrollo, la educación es esencial, especialmente la que se recibe en casa.

9.2. Naturaleza de la educación cristiana

La educación prepara al individuo para la vida y lo ayuda en el desarrollo de capacidades y competencias para vivir plenamente. Este proceso implica enseñanza combinada con relaciones interpersonales, eventos formales y disciplinas personales.[173]

La educación cristiana puede definirse como el proceso de formación a través del cual una persona incorpora conocimientos, principios y valores del reino de Dios en las distintas áreas de su vida. La educación cristiana procura el desarrollo integral de las personas; por eso, es fundamental en el proceso del discipulado.[174] La educación cristiana, entonces, busca formar el carácter de Jesucristo en los discípulos y capacitarlos para la construcción del reino de Dios en esta tierra. No es necesario esperar que un niño se convierta en adulto para formarlo como discípulo de Jesús. De hecho, la mejor etapa para formar un discípulo es la niñez y la adolescencia.

[173] Allen Jackson, "La contribución de la enseñanza al discipulado". En *Enseñando a las nuevas generaciones*, Terry Linhart (Ed.) (Miami: Editorial Patmos, 2019), p. 18.

[174] El discipulado es un proceso de transformación continua, donde una persona aprende a ser y hacer como Jesucristo. El discipulado es un recorrido de obediencia a Cristo que dura toda la vida, que transforma los valores y el comportamiento de una persona y que da como resultado el ministerio en el hogar, la iglesia y el mundo (Barry Sneed y Roy Edgemon, *Discipulado que transforma* [Nashville: LifeWay, 1999], p. 3).

Este proceso requiere aprendizaje. En el modelo de Jesús, el aprendizaje implica amar a Dios en el dominio cognitivo (mente), el dominio afectivo (corazón y alma) y el dominio psicomotor (fuerza); cada discípulo es un aprendiz. La palabra griega para "discípulos" es *magthtv* (matee-te-s); proviene del verbo aprender y era utilizado para describir a una persona que se somete a la autoridad de un gran maestro para ser enseñado.[175]

En el proceso de discipulado, las relaciones son fundamentales, dado que la «mayoría de las enseñanzas que contribuyen a la madurez dependen de las relaciones que giran alrededor de ella».[176] Eso quiere decir que no se trata simplemente de transmitir enseñanzas, sino de compartir la vida, desde donde se modelan patrones vitales de acuerdo al reino de Dios.

Dado que la educación cristiana busca la formación hacia la madurez espiritual, no se debe medir el proceso en términos de aprendizajes de contenidos, sino en el carácter que refleje la semejanza con Jesucristo. En este esfuerzo, se requiere el acompañamiento de un mentor que instruya, corrija y, sobre todo, modele la vida impulsada por el Espíritu Santo. Que enseñe a tomar decisiones y a responder bíblicamente a las cuestiones cotidianas de la vida. También será importante la obra del Espíritu Santo, quien da la capacidad de una nueva conducta.

Por su naturaleza, la educación cristiana se realiza a través de varios espacios: el hogar, el colegio, la iglesia y los programas de discipulado de cada iglesia local. Un espacio más especializado es el de la educación teológica a través de institutos bíblicos, seminarios y universidades.

9.3. Objetivos de la educación cristiana

Las Escrituras definen claramente los objetivos de la educación cristiana; entre los más importantes se encuentran:

- La formación del carácter cristiano en cada discípulo de Jesús. Pablo dice que la Palabra de Dios sirve «para enseñar, para redargüir, para corregir, para instruir en justicia» (2 Timoteo 3:16 RVR1960),

[175] Michael Wilkins, *Sigamos al Maestro: Teología bíblica del discipulado* (Gran Rapids: Zondervan, 1992), pp. 26-33.

[176] Allen Jackson, "La contribución de la enseñanza en el discipulado". En *Enseñando a las nuevas generaciones*, p. 19.

lo cual implica un proceso de aprendizaje, renovación y corrección para vivir según la perspectiva divina.

- El desarrollo de competencias para el ministerio. 2 Timoteo 3:17 dice: «A fin de que el hombre de Dios sea perfecto, enteramente preparado para toda buena obra» (RVC). Como puede verse, la educación cristiana debe preparar adecuadamente a cada discípulo para el ministerio. La perfección se refiere al carácter, pero luego habla de estar enteramente instruido para realizar una asignación ministerial. El desarrollo del ministerio cristiano requiere conocimientos y destrezas adecuadas, las cuales se van dando en un proceso de aprendizaje teórico y práctico.
- Integración al ministerio. Lo anterior significa que la educación cristiana debe capacitar a cada individuo para el ejercicio del ministerio, con el fin de que el cuerpo de Cristo sea edificado. Eso quiere decir que deben abrirse espacios para el desarrollo de los ministerios, que no necesariamente tienen que ser los ministerios tradicionales; es, por tanto, necesario imaginar creativamente la iglesia. Además, se necesitan mentores que ayuden en la inducción y el desarrollo efectivo del ministerio.
- También es tarea de la educación cristiana procurar el crecimiento de la comunidad para que sirva de contexto al individuo en su crecimiento (tanto en su relación con Dios como con sus hermanos), se nutra, encuentre su identidad, descubra su propósito en Dios y ejercite su ministerio.
- La construcción de una nueva sociedad. La iglesia como comunidad del reino, es una nueva humanidad con nuevos valores y nuevas relaciones interpersonales. Efesios 4:13 dice que los cristianos crecemos en la medida en que nos relacionamos unos con otros, en la medida en que nos servimos unos a otros y nos edificamos o aportamos al desarrollo del otro.
- Entonces, la educación cristiana propicia el crecimiento y desarrollo individual y colectivo en los discípulos de Jesús.

9.4. Líneas de acción para la educación cristiana efectiva

Estamos llamados a realizar una educación responsable y sin improvisaciones. Para eso se requiere preparación, intencionalidad, planificación y un equipo eficiente. A continuación, ofrecemos algunas líneas de acción para optimizar dicho ministerio.

Primero, el contenido de la educación cristiana debe ser la interacción entre la Palabra y la vida. Esta visión coloca a la Palabra de Dios en el lugar central de la tarea educativa; a la vez, la experiencia de la vida real interroga a la Palabra buscando respuestas pertinentes. Eso hará que las nuevas generaciones tomen en serio la Palabra de Dios y vivan en su luz.

La educación cristiana es una capacitación para la vida. En la tarea de Jesús con sus discípulos vemos el ejemplo de una educación que forma personas en la vida y para la vida. En situaciones reales, ellos preguntaron, lo observaron reaccionar, escucharon sus enseñanzas, presenciaron sus obras de poder. Jesús no les enseñaba lecciones para saber, sino que les enseñaba cómo vivir.

Segundo, se requiere de mentores preparados adecuadamente. Necesitamos maestros debidamente capacitados en ciencias de la educación, con estudios bíblicos y teológicos, que integren las artes y la tecnología, innovadores, y sobre todo, que sean maestros modelo y líderes espirituales dispuestos a discipular responsablemente para reproducir en sus discípulos la imagen de Cristo.

La próxima generación necesita maestros comprometidos, sabios, alegres y bien estudiados. Necesitan una fe basada en las Escrituras, fortalecida por el Espíritu y conectada con la realidad cotidiana para enfrentar los desafíos contemporáneos, las tensiones históricas y las preguntas difíciles.

Tercero, la familia y la iglesia deben trabajar en armonía, pues la primera entidad educacional es la familia. El crecimiento de la iglesia dependerá de lo que ofrezca a los niños de hoy, pues los retendrá o los perderá. No hay que esperar que sean grandes para atenderlos pues ya será demasiado tarde.

Cuarto, la iglesia debe responsabilizarse misionera, pastoral y ministerialmente por la niñez. Los niños son un campo misionero y deben ser evangelizados y discipulados adecuadamente. Ya que son parte de la iglesia, deben ser atendidos como se atiende a los adultos. Deben tener espacios adecuados, programas intencionales y bien planificados. También deben tener cuidado pastoral.

Quinto, la iglesia debe integrar y desarrollar equipos ministeriales multidisciplinarios que puedan atender adecuadamente a los niños. Deberían integrarse diferentes capacidades y trabajar en equipo para apoyarse mutuamente.

Sexto, deben existir programas de capacitación continua para los maestros que faciliten y propicien herramientas adecuadas para enfrentar los desafíos de la población infantil.

Séptimo, debe conocerse la realidad de los niños para identificar adecuadamente sus necesidades y así ministrarlos integralmente.

Octavo, deben hacerse alianzas estratégicas con otras instituciones para atender y desarrollar adecuadamente a los niños. Hay ministerios que brindan servicios que difícilmente la iglesia podría ofrecer, los cuales deben aprovecharse.

Noveno, combinar teoría y práctica. Es indispensable llevar a la práctica lo aprendido en el salón; de lo contrario, los contenidos se quedarán en información insignificante.

Décimo, revisar, reestructurar, actualizar, dinamizar todos los programas educativos y crear los que sean necesarios para la iglesia local.

Finalmente, ya que la educación cristiana es una tarea ministerial, no puede realizarse sin la asistencia del Espíritu Santo. Recordemos que una de las expresiones del ministerio del Espíritu de Dios es enseñar (Juan 14:26).

9.5. El desafío de discipular a las nuevas generaciones

La enseñanza forma parte de un proceso de discipulado colectivo, una combinación de relaciones, eventos formales, conversaciones intencionales y disciplinas personales (oración, estudio bíblico y meditación). El crecimiento espiritual requiere más que transmisión de información; se mide a partir del proceso de desarrollo hacia la semejanza de Jesucristo, un proceso donde las lecciones formales e informales se cruzan e impulsan a los creyentes a avanzar hacia la madurez.[177]

Ninguna edad es tan determinante para la formación del ser humano como la niñez; por eso, la iglesia debe esforzarse para que cada niño, según su condición y edad, pueda estar acompañado para ser y hacer como Jesús.

Esto también implica definir contenidos de aprendizaje y experiencia de crecimiento para los niños. Deben ser contenidos bíblicos sólidos, con metodologías pedagógicas y didácticas contextualizadas para que el evangelio sea relevante para las nuevas generaciones.

[177] Allen Jackson, "La contribución de la enseñanza en el discipulado". En *Enseñando a las nuevas generaciones*, p. 18.

Además, se requiere de formación y acompañamiento a los mentores para que puedan desarrollar la labor con eficacia. Estos mentores deben ser conforme al carácter de Jesús y ayudarlos a desarrollar las competencias necesarias para la formación de discípulos niños; el futuro de la iglesia depende de la calidad de discípulos que se formen en esta generación.

10

Acciones pastorales para la revitalización de la iglesia

Estudio de un caso urbano[178]

El crecimiento y desarrollo de la iglesia es un misterio porque es obra de Dios, pero inciden factores humanos; como dice Pablo: «Yo sembré, y Apolos regó, pero el crecimiento lo ha dado Dios» (1 Corintios 3:6 RVC).

De igual manera, en el proceso de revitalizar una iglesia, inciden factores humanos y la obra del Espíritu de Dios. En este capítulo final se ofrecen líneas de acción pastoral para propiciar la intervención de Dios en la revitalización de la iglesia.

El relato de Lucas en Hechos 19:1-22 muestra cómo Pablo realizó el proceso de revitalizar la iglesia de Éfeso.[179] Inicialmente eran doce discípulos sin impacto en la ciudad, pero después de ser revitalizados por el Espíritu Santo llegaron a ser una iglesia de impacto, con manifestaciones del poder de Dios sobre las tinieblas, evangelización a gran

[178] El interés por las ciudades se debe a que cada vez el mundo se está urbanizando más; la gran mayoría de la población mundial vive en las urbes. Se prevé que para el 2050, el 80 % de la población mundial será urbana, pero las tendencias actuales sugieren que probablemente se alcance ese número antes.

[179] Hechos de los Apóstoles es fundamental para la comprensión de la teología pentecostal, como lo afirma Menzies: «La hermenéutica del creyente pentecostal típico es directa y sencilla: las historias en Hechos son mis historias: historias que fueron escritas para servir como modelo para mi vida y experiencia… historias que moldean nuestra identidad, ideales y acciones» (Robert Menzies, *Pentecostés, esta historia es nuestra historia* [Missouri: Gospel Publishing House, 2013], p. 23).

escala y transformación de la cultura. La iglesia de Éfeso llegó a ser un modelo de iglesia madura.[180]

10.1. Hechos de los Apóstoles, paradigma eclesial

El libro de Hechos de los Apóstoles es el segundo tomo de la historia del comienzo del cristianismo escrita por Lucas; por eso la narración sigue la estructura misional definida por Jesucristo en 1:8. La primera parte gira en torno a la misión en Jerusalén y las apariciones del Cristo resucitado. La segunda muestra cómo el evangelio llegó a Samaria y Judea. La tercera narra la extensión del evangelio más allá de Judea y Samaria, especialmente a través del ministerio de Pablo, teniendo Antioquía como base para los viajes hacia Asia Menor y Grecia, y concluyendo en Roma.

Hechos 19:1-20 narra el ministerio de Pablo en Éfeso. Pablo visitó Éfeso dos veces. La primera, al final de su segundo viaje misionero, cuando iba de paso hacia Antioquía. El relato seleccionado está conectado con la segunda visita, donde pasó más de dos años, y se corresponde con el inicio de su tercer viaje misionero, alrededor del año 53 d. C., que duró aproximadamente cuatro o cinco años.

Ya que Pablo pasó casi la mitad de su tercer viaje en Éfeso, esto significa que tuvo que ser una ciudad relevante para la misión.[181] Éfeso era la capital de la provincia de Asia. Ciudad de gran tradición intelectual, rica y ostentosa. Su posición en la costa le permitía albergar un puerto y consecuentemente comercio. Guardaba la herencia de haber sido la patria de los banqueros de Oriente. Tenía la categoría de ciudad libre con más de 200 000 habitantes. El teatro tenía capacidad para 24 000 espectadores. Además, tenía los restos del templo de Artemisa-Diana; por eso se convirtió en un lugar de peregrinaje religioso y mucho del comercio estaba centrado en el culto.[182]

---

[180] Según la eclesiología descrita en la carta a los Efesios, no cabe duda de que esta iglesia llegó a desarrollarse saludablemente.

[181] Éfeso llegó a jugar un papel importante en el relato bíblico. Algunos creen que Hechos fue redactado ahí, a finales del siglo I, dadas las coincidencias con la formación de la iglesia institucionalizada. Ver Senén Vidal, *Hechos de los Apóstoles y orígenes cristianos* (Cantabria: Editorial Sal Terrae), p. 103.

[182] Joaquín González, *Los Hechos de los Apóstoles y el mundo romano* (Navarra: Editorial Verbo Divino, 2002), pp. 90-91.

Respecto al género literario, Hechos puede considerarse como historia.[183] Según Echegaray, Lucas «trató de hacer una historia en dos libros del origen del cristianismo... en su redacción intenta seguir los criterios científicos de los historiadores de entonces».[184] También afirma que específicamente Hechos «corresponde a las llamadas monografías históricas».[185] Es importante resaltar el significado teológico que tiene la historia en Hechos, particularmente por cuanto es el testimonio de la acción del Espíritu Santo a través de los discípulos; Stronstad afirma que «la historia en Hechos tiene un carácter teológico, dada la actividad del Espíritu Santo».[186] Por consiguiente, esta historia viene a ser paradigmática para la iglesia de cualquier tiempo y lugar.

Los pentecostales tienen preferencia por Hechos dadas las narraciones de la actividad del Espíritu Santo; la perícopa seleccionada (19:1-6) es uno de los cinco relatos que sustentan la espiritualidad pentecostal, particularmente el bautismo con el Espíritu Santo con la evidencia de hablar en nuevas lenguas. Por tanto, este pasaje es una narrativa teológica paradigmática para la misión de la iglesia de todos los tiempos.

10.2. Narrativa del proceso de revitalización

Esta narrativa está construida con seis escenas. La primera muestra cuando Pablo llegó a Éfeso (v. 1). Esta era la segunda vez que pasaba por Éfeso; según 18:23, su propósito era afirmar y edificar las iglesias. Esto explica por qué se quedó predicando por más de dos años. Ahí identifica a doce discípulos, término que bien se podría interpretar como una iglesia pequeña, es decir, sin mayor crecimiento.

---

[183] También hay que reconocer que, dentro del libro de Hechos, hay varios géneros literarios, entre los cuales se pueden mencionar: a) narraciones: son episodios que el autor ensambla bajo algún tema general, como sucesos en Jerusalén, sermones, relatos de los viajes misioneros de Pablo, entre otros; b) sumarios: se dan cuando el narrador intercala algunos pasajes que sirven como transición entre episodios y que resumen la actividad de la naciente iglesia; c) discursos, que constituyen la tercera parte del libro y manifiestan la importancia que tienen para el narrador. En el siglo I, servían para caracterizar a las personas ante el lector y para orientar el hilo narrativo del relato.

[184] González, *Los Hechos*, p. 19.

[185] *Ibid*, p. 20.

[186] Roger Stronstad, *La teología carismática de Lucas* (Miami: Editorial Vida, 1984), p. 17.

Importancia del discipulado en el proceso de revitalización. En la descripción de Lucas, hay términos muy descriptivos que merecen nuestra atención. En primer lugar, el concepto que llama la atención es que Pablo se encuentra con doce discípulos *(mathetes)*. Estos se caracterizan por conocer solamente el bautismo de Juan y sus enseñanzas. Consecuentemente, no tienen una vida plena que caracteriza al discípulo de Jesús. Esto se infiere del hecho de que Pablo nota que les hace falta algo; por eso pregunta si ya han recibido al Espíritu Santo. Para Pablo, un discípulo se caracteriza por la vida en el Espíritu Santo, como se verá más adelante.

Pablo presenta una relación entre creer y recibir el Espíritu. Por eso les pregunta si lo recibieron cuando creyeron. También sugiere que hay una relación entre lo que se cree y lo que se experimenta. Por eso, cuando Pablo se entera de que los discípulos no han recibido el Espíritu Santo pregunta en qué fueron bautizados y procede a explicar la diferencia entre la predicación y el bautismo de Juan con el de Jesús.[187]

En segundo lugar, Pablo les presenta a Jesucristo, haciendo una conexión con el mensaje de Juan, diciendo que este había predicado el arrepentimiento de pecados y señalando que era necesario creer en el que venía después de él, es decir, en Jesús. El arrepentimiento debía conducirlos a creer en Jesús.

Esta comunidad de discípulos solamente había escuchado las enseñanzas de Juan y consecuentemente se habían bautizado para arrepentimiento, pero todavía no tenían claro el mensaje de Jesús; por eso, al explicarles Pablo, ellos se bautizaron en el nombre de Jesús.

La raíz etimológica de la expresión que Pablo usa viene del griego *pisteo*, que significa «*ser persuadido de*, *fiarse de*, *confiar*. Significa, en este sentido de la palabra, *apoyarse en*, no una mera creencia».[188] Lucas relaciona la creencia con la devoción, al afirmar que fueron bautizados en el nombre del Señor Jesús. El bautismo de Juan difería del bautismo practicado por los discípulos de Jesús, puesto que el bautismo ordenado por Jesús era para dar testimonio de la identificación con Él en su muerte, sepultura y resurrección (Romanos 6:3, 4; 1 Corintios 1:13-17; 12:13; Gálatas 3:27; Colosenses 2:12). Además, la frase

---

[187] El término griego *baptisma* que Lucas utiliza indica un proceso de inmersión. Esto deja en claro que se refiere al bautismo en agua que practicaba Juan el Bautista. Dada la distancia y el tiempo, es probable que estos creyentes hayan sido bautizados por algún discípulo de Juan el Bautista.

[188] Stronstad, *La teología carismática,* p. 216. Énfasis añadido.

«fueron bautizados en el nombre del Señor Jesús» (v. 5) indica que las personas, mediante el bautismo, quedaron estrechamente ligadas o vinieron a ser propiedad de Jesús. De ser discípulos de Juan, pasan a ser discípulos de Jesús.

El discipulado es determinante para los procesos de revitalización de la iglesia porque permite que los discípulos corrijan creencias y prácticas erradas. Además, es un espacio adecuado para que los mentores ayuden a los nuevos discípulos a una relación con Jesucristo para que lo sigan y sirvan.

Cuando los discípulos experimentan encuentro y seguimiento de Jesús, su vida es dinamizada, son llenos de la Palabra de Dios y empoderados para llevar a cabo la misión divina.

El discipulado permite que reconfiguremos la iglesia, no solo en creencias, sino en prácticas de fe y experiencias con Dios, como veremos más adelante.

Centralidad de las Escrituras en la revitalización de la iglesia. En el proceso de discipulado, la enseñanza de las Escrituras es fundamental, dado que es la que permite renuevo e ilumina las nuevas experiencia con Dios. Según el relato, podemos extraer múltiples beneficios.

Primero, las Escrituras establecen el fundamento de la fe; a través de las Escrituras obtenemos el conocimiento proposicional o conceptual de Dios. Por eso, es de esperar que nuestro conocimiento de Dios sea en relación al conocimiento de las Escrituras, dado que ha decidido revelarse a través de ese medio. Fue la explicación del evangelio lo que iluminó a estos doce discípulos de Éfeso y, como consecuencia, se dieron cuenta de que necesitaban creer en Jesucristo. Por eso se bautizaron en su nombre. A partir de ahí, experimentaron una vida dinamizada por el Espíritu Santo, como veremos en el relato.

Segundo, gracias a la revelación divina podemos conocer mejor a Dios, aunque sería ingenuo pensar que con leer la Biblia lo comprenderemos a cabalidad, porque Dios es demasiado grande para ser encerrado en palabras humanas.[189] Por eso, todo discípulo de Jesús debe ser lector, estudioso y practicante de las Escrituras.

Es seguro que estos discípulos de Éfeso disfrutaron de un nuevo conocimiento de Dios y de experiencias extraordinarias. El

[189] Félix García, *Al encuentro de Dios en las Escrituras. Estudios de teología bíblica* (Navarra: Editorial Verbo Divino, 2018), p. 63.

conocimiento de las Escrituras nutre a las iglesias para que sean vigorosas y fructíferas.

Tercero, el conocimiento de las Escrituras corrige las falsas creencias. Muchas de las ideas que tenemos sobre Dios corresponden al sincretismo religioso de nuestra realidad histórica; otras proceden de interpretaciones erróneas que se han instalado en la creencia colectiva y que muchas veces aceptamos en nuestro subconciente religioso sin cuestionar, pero hacen daño porque limitan la experiencia del poder transformador del evangelio. Eso estaba pasando en Éfeso cuando llegó Pablo.

Cuarto, las Escrituras orientan y dinamizan a la iglesia para realizar la misión de Dios. Lucas menciona una relación entre el desarrollo de la iglesia, la manifestación de los dones, la expulsión de demonios y el impacto transformador en la cultura mediante la predicación del evangelio. Es más, Lucas presenta una especie de síntesis de la misión con estas palabras: «Así crecía y prevalecía poderosamente la Palabra del Señor» (Hechos 19:20 RVR1960).

Quinto, el conocimiento de las Escrituras ayuda a renovar la mente, a transformar el corazón y a gestar nuevos comportamientos, tal como pasó en la Éfeso del primer siglo, donde muchos que practicaban la hechicería y vendían artesanía idolátrica fueron transformados al conocer las Escrituras.

Importancia de fomentar una espiritualidad pentecostal. La segunda escena muestra cómo Pablo conduce a los discípulos a la experiencia o vivencia de una espiritualidad pentecostal auténtica; por eso los ministra el Espíritu Santo (vv. 2-7).

Pablo preguntó si habían recibido el Espíritu Santo. Ante la respuesta de los hermanos que ni sabían de su existencia, Pablo impuso las manos y ellos lo recibieron; la evidencia fue hablar en otras lenguas y profetizar.

El texto establece una conexión entre creer, bautizarse y recibir el Espíritu Santo. El verbo *epitithemi* implica "poner encima" y, en el contexto, podría referir a un acto de identificación e impartición, como sucedió con los creyentes en Samaria (Hechos 8:18). Esta experiencia puede compararse con la de los apóstoles en Jerusalén (Hechos 2:11) y los gentiles en Cesarea (10:44-46) porque estos discípulos hablaron lenguas y profetizaron. La palabra *profetizar* en estos contextos comunica la idea de glorificar el nombre de Dios y dar testimonio de Jesús.

Esta fenomenología está relacionada con la primera experiencia del derramamiento del Espíritu Santo en Pentecostés (Hechos 2).

Debemos integrar dos escenas más relacionadas a la espiritualidad pentecostal.

En la cuarta escena, se ve a Dios haciendo milagros a través de Pablo (Hch 19:11, 12). La predicación del evangelio fue acompañada con la manifestación del poder de Dios mediante las sanidades y exorcismos. *Dunamis* es el término que usa Lucas y describe el poder que produce obras de origen y carácter sobrenatural, que no podrían ser producidas por agentes y medios naturales.[190] Precisamente por eso, Lucas afirma que Dios era quien realizaba los milagros, pero mediante la interveción de Pablo, y particularmente por la imposición de manos, así como también por las prendas del apóstol. Lo segundo pareciera rozar la superstición, pero Lucas deja en claro que era Dios quien obraba.

Las manifestaciones del poder divino eran evidencia de la llegada del reino de Dios a Éfeso. Es decir, no solo se predicaba la llegada del reino: también se manifestaba concretamente sobre los poderes de las tinieblas. Más adelante en la narrativa se mostrará cómo impactó en el ámbito de la hechicería y cuáles fueron las reacciones de esos poderes. Además, hay una marcada diferencia con la escena siguiente de esta narrativa (vv. 13-16), en la que los exorcistas ambulantes quisieron hacer lo mismo, pero no les dio resultado, dejando claro que las liberaciones llevadas a cabo por Pablo eran la manifestación del reino de Dios.

En la quinta escena, Pablo se distingue de los exorcistas ambulantes (vv. 13-16). Los efesios eran superticiosos y religiosos, y tenían muchos libros de magia, tal como lo menciona el versículo (19). Además, había muchos judíos dedicados a realizar exorcismos, quienes utilizaban fórmulas, como en el caso de los siete hijos de Esceva, quienes intentaron expulsar demonios usando el nombre de Jesús.[191] Pero el demonio terminó avergonzándolos, reconociendo que sabía quién era Pablo, pero dejó en claro que estos exorcistas no tenían autoridad sobre él, porque los maltrató con violencia y terminaron huyendo desnudos. Los apóstoles sanaban a la gente en el nombre de Jesús, no como

[190] W. E. Vine, *Diccionario expositivo de palabras del Antiguo y Nuevo Testamento* (Tennessee: Grupo Nelson, 2007), p. 553.

[191] Durante el primer siglo, los magos judíos tenían bastante influencia; por ejemplo, Barjesús (13:6, 7). No hay evidencia de que Esceva haya servido como sumo sacerdote en el templo de Jerusalén; por lo tanto, es posible que este judío se llamara a sí mismo sumo sacerdote para su propio beneficio y que viviera con sus hijos en la dispersión.

practicantes de magia, sino para demostrar la autoridad del Señor. Precisamente por eso, los charlatanes fallaron y fueron dominados por el espíritu maligno; esto dejó en claro que Pablo no obraba por fórmulas mágicas, sino por el poder de Dios.

Este episodio muestra la diferencia entre el poder que actuaba en Pablo y los conjuros que usaban los exorcistas. En consecuencia, rindieron su vida a Jesús, confesando sus pecados y quemando sus libros de magia como expresión de desprendimiento del mundo de las tinieblas para seguir a Jesús.

La espiritualidad pentecostal tiene implicaciones misionológicas porque permite la manifestación del poder de Dios a favor de quienes están esclavos del pecado y del diablo.

El reino de Dios como horizonte de la misión. La tercera escena muestra a Pablo predicando y enseñando (Hch 19:8-10). La predicación era central en el ministerio de Pablo. Aquí, como en otros pasajes, esta actividad es clave para la evangelización, la formación de discípulos y el desarrollo de las iglesias locales.

El contenido de la predicación es claro: el reino de Dios. Lucas afirma que dicha predicación se caracterizaba por ser argumentativa y persuasiva. El término utilizado es *parrēsiazomai*, que indica confianza de parte de quien habla. Se traduce como hablar con denuedo o valerosamente. También se usa la expresión *dialegomai*, que implica conversar, discutir, disputar, lo cual indica que Pablo explicaba con razonamientos las Escrituras. Hay que notar que el entusiasmo estaba acompañado con razonamientos.

Durante los primeros tres meses, como era su costumbre, Pablo fue a la sinagoga. Pero a causa de algunos enemigos del evangelio, Pablo se vio obligado a apartarse con los discípulos a otro espacio. Los siguientes dos años, Pablo estuvo predicando en la academia de Tirano, seguramente un espacio adecuado para el diálogo de la Palabra de Dios. La predicación fue intensiva, y muchas personas de Asia escucharon el evangelio, tanto judíos como griegos.

Anunciar el reino también implica la predicación del evangelio de Jesucristo, ya que Jesús vino anunciando la llegada del reino de Dios. Además, el mismo Lucas explica que tanto judíos como griegos oyeron «la palabra de Dios» (v. 10). Sin embargo, no todos recibieron bien esa predicación. Por eso, muchos judíos incrédulos hicieron público su odio y calumniaron "el Camino", término utilizado para referirse al cristianismo; Pablo se apartó de la sinagoga para continuar con su labor discipuladora.

Aquí vemos entonces a Pablo realizando una misión *kerygmática* y pedagógica, centrada en el reino de Dios.

Incidencia de la educación teológica en la revitalización de la iglesia. Pablo continuó su tarea de enseñanza en lo que podría ser un salón de conferencias de un tal Tirano. El texto occidental agrega que Pablo daba sus clases «desde la hora quinta a la hora décima», esto es, desde las 11 de la mañana hasta las 4 de la tarde.[192] Es posible que, en Éfeso, Pablo abriera una escuela para entrenar a los futuros líderes para el desarrollo de la iglesia en la provincia de Asia. Estos líderes posteriormente pudieron convertirse en los pastores de las demás iglesias de la región.

La formación de nuevos líderes fue una de las acciones acertadas y trascendentales para el desarrollo de la iglesia y la evangelización de muchos lugares en Asia Menor. Esto fue posible gracias al programa intensivo que implementó el apóstol.

Entonces, la educación teológica no solo sirvió para revitalizar aquella pequeña iglesia, sino también para garantizar su futuro.

La adoración como parte esencial en la revitalización. La última escena muestra cómo el nombre del Señor es glorificado. Lucas presenta en el versículo 20 una especie de síntesis del ministerio de Pablo, a la vez que sirve como final para la narrativa. La NVI dice: «Así la palabra del Señor crecía y se difundía con poder arrollador». Tanto judíos como griegos, al ver el respaldo de Dios a Pablo, comenzaron a glorificar a Jesucristo. El término que Lucas utiliza viene del griego *megaluno*, que significa hacer grande (del griego *megas*). Según el contexto, Jesús era glorificado por la predicación y las obras de sanidad y liberación.

Es evidente que un temor reverente se apoderó de ellos y comenzaron a confesar sus pecados. También los hechiceros renunciaron al reino de las tinieblas, vinieron al reino de la luz y quemaron sus libros.

Hay una correlación entre esta narrativa y otros pasajes en los que el Espíritu Santo se derrama. Por ejemplo, en el día de Pentecostés, el Espíritu se derramó y también se experimentaron manifestaciones

---

[192] Simón Kistemaker, *Exposición de Hechos de los Apóstoles* (Michigan: Libros Desafío, 2001), p. 465.

sobrenaturales, incluidos hablar en otras lenguas y profetizar. También hubo un impacto en los que fueron testigos de ese hecho, pues más de 3000 personas decidieron ser discípulos de Jesús.

El caso de Samaria es muy similar al de Éfeso. En Hechos 8:4-25, Lucas relata que Felipe predicaba y hacía señales, lo que refiere a intervenciones sobrenaturales. Además, muchos que tenían espíritus inmundos eran liberados, y los paralíticos y cojos eran sanados. El resultado en aquella ciudad fue gozo, mientras que en Éfeso hubo temor reverente.

También en Samaria había practicantes de la magia. Simón, un mago (vv. 9-13) intentó comprar el poder de Dios a Pedro y Juan (vv. 14-24). Además, se puede ver que estos discípulos no habían recibido el Espíritu Santo hasta que Pedro y Juan les impusieron las manos (vv. 15-17). A la vez, se menciona que fueron bautizados en el nombre de Jesús (v. 16). El relato concluye haciendo énfasis en que los discípulos testificaron y hablaron la palabra de Dios, y que muchos pueblos de Samaria oyeron el evangelio. Esta correlación indica que dichas vivencias deben ser parte de la vida de la iglesia.

En estos casos, la reunión de los discípulos va más allá de una liturgia; hay manifestación de Dios a favor de las personas. Mientras la iglesia cumple su misión, Dios interviene y eso resulta en celebración. Cada iglesia debe tener manifestaciones de Dios en las reuniones que se celebran en torno a la persona de Jesucristo para que Él sea glorificado.

10.3. Acciones ministeriales para revitalizar la iglesia

Se ha indicado anteriormente que, en el proceso de revitalizar la iglesia, se unen la gracia de Dios y el compromiso de los líderes. Ofrecemos a continuación algunas líneas sugeridas de acción pastoral.

Planificar la revitalización de la iglesia. Ya que deseamos la intervención de Dios en cada iglesia local, es imperativo que se propicie el ambiente, tal como Pablo lo realizó. Para eso, es importante establecer un proceso que comience con la evaluación y observación de aquellos elementos que han estancado a la iglesia, tal como lo hizo Pablo. Él llegó, observó la vida de aquellos discípulos y preguntó si habían recibido el Espíritu Santo; seguramente les hacía falta el dinamismo que caracteriza a un discípulo lleno del poder de Dios.

Existen muchos instrumentos para medir la condición de la iglesia, los cuales pueden servir para evaluar lo que se está haciendo bien e identificar qué se necesita mejorar.

***Estimular la espiritualidad pentecostal a través de las disciplinas espirituales*.** Las disciplinas espirituales son prácticas que se encuentran en las Escrituras y que promueven el crecimiento espiritual. Son hábitos de devoción, como leer, meditar y obedecer las Escrituras, orar, ayunar, adorar, servir, evangelizar, entre otras.

Cuando las disciplinas se practican correctamente, conducen a una relación más profunda con Dios. También debemos reconocer que las disciplinas espirituales son catalizadores para transformarnos hacia la imagen de Jesús. Hay un gran peligro en un cristianismo que no fomenta las prácticas espirituales; será una religión superficial.

Aunque las disciplinas espirituales son prácticas personales, debemos reconocer que será muy difícil que los miembros de las iglesias las practiquen, a menos que exista un programa que los anime y motive a realizarlo.

***Buscar la llenura del Espíritu Santo*.** El bautismo con el Espíritu Santo es una gracia que empodera a todo creyente para el servicio a Dios y el cumplimiento de la misión. Además, el bautismo con el Espíritu Santo abre la puerta a la manifestación de los dones sobrenaturales, tal como sucedió en Éfeso.

También la llenura del Espíritu es el impulso para vivir una vida de santidad. Esta búsqueda puede ser mediante el ejercicio de las disciplinas espirituales que sensibilizan a los creyentes y los preparan para recibir el poder de Dios.

***El ejercicio de dones espirituales*.** Es importante que se propicien ambientes adecuados para la recepción del bautismo con el Espíritu y la activación de dones espirituales. Esto implica ayudar a los discípulos a descubrir sus dones y crear espacios para que esos dones se activen, se desarrollen y contribuyan a la revitalización de la iglesia. En realidad, es Dios quien revitaliza la iglesia a través de los discípulos en la medida que fluyen en sus dones espirituales. De lo contrario, cualquier esfuerzo humano será insuficiente.

Cuando los creyentes desarrollan ministerios empoderados por el Espíritu Santo, la misión se realiza con mayor impacto. No solo un impacto en la vida de los individuos, sino también en la transformación de la sociedad.

La iglesia, como comunidad de discípulos, debe funcionar más como un organismo que como una organización. Para lograrlo, debe organizarse en función de los dones espirituales y no por puestos. En este sentido, será necesario que los discípulos tengan la motivación y orientación para buscar la llenura del Espíritu Santo.

Implementación de un programa de discipulado. Las iglesias están constituídas por discípulos de Jesús. La de Éfeso llegó a ser una gran iglesia con mucha influencia en la región de Asia, pero fue gracias a que se desarrollaron discípulos. Un discípulo puede ser definido como «la persona que ha hecho un compromiso verdadero con Jesucristo y su señorío, a fin de ir diariamente encarnando en su vida tanto el carácter como la misión de Cristo, con la ayuda del Espíritu Santo y el servicio de un maestro discipulador».[193] Es decir, el discípulo es aquel que ha escuchado la llamada de Jesús y responde en obediencia para ser y hacer como Jesús. Abandona la vida de pecado y abraza a Jesucristo, se somete a sus enseñanzas y se compromete con la construcción del reino de Dios en esta tierra.

El discipulado se debe articular en torno a la persona de Jesucristo. Estos discípulos de Juan fueron encaminados a conocer a Jesucristo. Pablo les anunció a Jesús y luego los bautizó, indicando su relación con Jesús; a partir de ahí, experimentaron el poder del evangelio. Según Bonhoeffer, el proceso de discipulado comienza con el llamado de Jesús y la respuesta del hombre en obediencia y fe, no precisamente por una confesión de fe. Cuando somos llamados a seguir a Jesucristo, se nos convoca a un exclusivo apego a su persona.[194] Es decir, el discipulado busca ayudar a otros a conocer mejor a Jesucristo mediante una relación personal; es precisamente un proceso de aprendizaje sobre una persona: Jesucristo. Por eso, los discípulos de Éfeso pidieron ser bautizados en el nombre de Jesús.

Una misión encarnada. Esto quiere decir que la iglesia se inserta en la realidad histórica. Las iglesias que son integradas por discípulos de

---

[193] Vicente Viera, *Discipulado, estrategia para la misión* (Texas: Editorial Mundo Hispano, 2009), p. 15.

[194] Dietrich Bonhoffer, *El costo del discipulado: La dicotomía entre la gracia barata y gracia sublime* (Buenos Aires: Editorial Peniel, 2017), pp. 61-63.

Jesús con una espiritualidad pentecostal tienen el poder para transformar las sociedades. El impacto del evangelio se deja sentir en los diferentes escenarios de la vida humana cuando es predicado y vivido por discípulos con una espiritualidad ferviente.

Jesús modeló una predicación del reino irrumpiendo en la realidad humana. Pablo hizo lo mismo en Éfeso: predicó y manifestó la llegada del reino. Los discípulos del siglo XXI también deben predicar y manifestar ese reino. Cuando la predicación está acompañada por la manifestación del poder de Dios, las personas conocen de mejor manera el poder del evangelio.

Las ciudades del siglo XXI también experimentan la atadura del pecado y sus consecuencias; un discipulado que propicie la espiritualidad pentecostal será la respuesta para la transformación individual y social. Éfeso experimentó transformación en las estructuras sociales, políticas y económicas, pues el evangelio iluminó las vidas de aquellos que estaban esclavos de la religión pagana y la hechicería. De igual manera, las sociedades de este tiempo pueden ser transformadas mediante un proceso de discipulado en el que se ayude a crecer a los discípulos para que sean y hagan como Jesús.

La necesidad de formar líderes-mentores. El caso de Éfeso nos recuerda que la participación de los mentores es determinante para el desarrollo de un proceso de discipulado. Los discípulos de Éfeso fueron avivados porque llegó el apóstol Pablo, quien por dos años estuvo enseñándoles, corrigiéndolos y guiándolos, tareas propias de un mentor.

Recuperar la vitalidad por la Palabra de Dios. Pablo pudo desarrollar un proceso de revitalización en la iglesia de Efeso partiendo de las Escrituras. Tanto la evaluación de la iglesia como su proyección claramente reflejan la orientación de las Escrituras.

La historia da testimonio de que Dios renueva su iglesia constantemente. Dios está dispuesto. ¿Estaremos con la disposición para caminar en la agenda del Espíritu en este siglo? ¿Tendremos el valor de renunciar a nuestras falsas seguridades y aventurarnos al mover del Espíritu de Dios?

Bibliografía

Aizpurúa, F. (2009). *¿Qué se sabe de la espiritualidad bíblica?* Navarra: Editorial Verbo Divino.

Aldana, R. (2007). *Pautas para la integración de la educación teológica en el quehacer de la iglesia*. Guatemala: FIEL III.

Álvarez, M. (2021). *Hermenéutica: Palabra, Espíritu y comunidad.* Tennessee: CPT Press.

Apéstegui, T. (2002). "Bases bíblicas para la educación teológica pentecostal dentro del contexto de América Latina". En *Educación teológica y misión hacia el siglo XXI,* David Ramírez (Ed.). Quito: Editorial Semisud.

Arana, P. (2003). "La misión de Dios y la nuestra". En *El trino Dios y la misión integral,* Pedro Arana Quiroz, Samuel Escobar y C. René Padilla. Buenos Aires: Ediciones Kairós.

Arias, M. y Arias, E. (2003). *El último mandato: La gran comisión, relectura desde América Latina.* Bogotá: Ediciones Clara-Semilla.

Banks, R. y Ledbetter, B. (2008). *Las dimensiones del líder*. Buenos Aires: Editorial Peniel.

Barbosa, R. (2005). *Por sobre todo, cuida tu corazón: Ensayos de espiritualidad cristiana*. Buenos Aires: Ediciones Kairós.

Barna, G. (2003). *Un pez fuera del agua*. Miami: Casa Creación.

______. (2007). *9 hábitos de las iglesias altamente efectivas.* Miami: Editorial Vida.

Bartolomé, J. (2004). *Mar adentro.* Madrid: Editorial CCS.

Batista, I. (2009). *El Espíritu Santo sorprende a las iglesias pentecostales: Desafíos y dilemas para una agenda de misión en el siglo XXI.* Quito: Editorial Semisud.

Berkhof, L. (2009). *Teología sistemática*. Grand Rapids: Libros Desafío.

Blackaby, H. y Blackaby, R. (2004). *Llamado a ser un líder de Dios.* Tennessee: Editorial Caribe.

Bloesch, D. (2004). *Orar es luchar con Dios*. Buenos Aires: Ediciones Kairós.

Boff, L. (2004). *La crisis como oportunidad de crecimiento.* Cantabria: Editorial Sal Terrae.

Bonhoffer, D. (2017). *El costo del discipulado: La dicotomía entre la gracia barata y gracia sublime.* Buenos Aires: Editorial Peniel.

Bosch, D. (2005). *Misión en transformación.* Grand Rapids: Libros Desafío.

Busenitz, I. (2005). "Entrenamiento para el ministerio pastoral". En *El ministerio pastoral*, John MacArthur (Ed.). Viladecavalls: Editorial CLIE.

Calderón, W. (2007). *Pedagogía práctica.* Miami: Gospel Press.

Carvalho, C. (2018). *Pentecostalismo y posmodernidad.* Miami: Editorial Patmos.

Crosby, R. (2014). *El equipo de la iglesia: Cómo construir un equipo ministerial en la era de la colaboración.* Buenos Aires: Editorial Peniel.

Cruz, A. (2003). *Postmodernidad: El evangelio ante el desafío del bienestar.* Viladecavalls: Editorial CLIE.

De Meza, A. (2006). "¿Vino nuevo en odres viejos?". En *La fuerza del Espíritu en la evangelización: Hechos de los apóstoles en América Latina*, René Padilla (Ed.). Buenos Aires: Ediciones Kairós.

Driver, J. (1974). *Comunidad y compromiso.* Buenos Aires: Ediciones Certeza.

Fonseca, A. (2014). "La Biblia del Oso: Historia de una protesta". En *Palabra, historia y libertad. El camino emancipador de la Biblia*, Abiud Fonseca et al. Quito: Editorial Semisud.

Galloway, D. (2002). *La iglesia para nuestros días.* Missouri: Casa Nazarena de Publicaciones.

González, J. (2002). *Los Hechos de los Apóstoles y el mundo romano.* Navarra: Editorial Verbo Divino.

______. (2011). *Retos y oportunidades para la iglesia hoy.* Texas: Editorial Mundo Hispano.

Jackson, A. (2019). "La contribución de la enseñanza al discipulado". En *Enseñando a las nuevas generaciones*, Terry Linhart (Ed.). Miami: Editorial Patmos.

Keller, T. (2012). *Iglesia centrada. Cómo ejercer un ministerio equilibrado y centrado en el evangelio en la ciudad.* Miami: Editorial Vida.

Kistemaker, S. (2001). *Exposición de Hechos de los Apóstoles.* Michigan: Libros Desafío.

Ladd, G. (1985). *El evangelio del reino.* Miami: Editorial Vida.

Land, S. (2009). *La espiritualidad pentecostal: Una pasión por el reino.* Quito: Editorial Semisud.

Leys, L. (2017). *Liderazgo generacional.* Dallas: e625.

López, D. (2004). *La misión liberadora de Jesús.* Lima: Ediciones Puma.

______. (2005). *Cuando Dios incomoda.* Lima: Ediciones Puma.

______. (2006). *La fiesta del Espíritu: Espiritualidad y celebración pentecostal.* Lima: Ediciones Puma.

Macay, J. (1964). *Mas yo os digo.* Buenos Aires: Editorial La Aurora.

Maxwell, J. (2007). *El talento nunca es suficiente.* Tennessee: Grupo Nelson.

Mann, L. y Mendoza Mann, W. (1996). *El discipulado, transferencia de vida.* Viladecavalls: Editorial CLIE.

Menzies, R. (2013). *Pentecostés: Esta historia es nuestra historia.* Missouri: Gospel Publishing House.

Menzies, W. y Menzies, R. (2004). *Espíritu y poder: Fundamentos de una experiencia pentecostal*. Miami: Editorial Vida.

Meyer, F. (1967). *Historia del pensamiento pedagógico.* Buenos Aires: Kapelusz.

Mohler, A. (2010). *Proclame la verdad: Predique en un mundo posmoderno.* Michigan: Editorial Portavoz.

Myers, B. (2005). *Caminar con los pobres: Manual teórico-práctico de desarrollo transformador.* Buenos Aires: Ediciones Kairós.

Padilla, R. y Yamamori, T. (Eds.). (2003). *La iglesia local como agente de transformación.* Buenos Aires: Ediciones Kairós.

Padilla, R. (1985). "¿Para qué sirve la teología?". *Iglesia y misión,* 15.

______. (1996). *Nuevas alternativas de educación teológica.* Buenos Aires: Editorial Nueva Creación.

______. (2006) "Una eclesiología para la misión integral". En *La iglesia local como agente de transformación,* René Padilla y Tetsunao Yamamori (Eds.). Buenos Aires: Ediciones Kairós.

Pagola, J. (2014). *Volver a Jesús.* Madrid: PPC.

Paredes, T. (2000). *El evangelio: un tesoro en vasijas de barro.* Buenos Aires: Ediciones Kairós.

Platt, D. (2013). *Sígueme.* Illinois: Tyndale.

Ramírez, D. (2009). "La Palabra y el Espíritu en la vida de la Iglesia". En *La fuerza del Espíritu en la evangelización: Hechos del Espíritu en América Latina,* René Padilla (Ed.). Buenos Aires: Ediciones Kairós.

Roldán, A. (2003). *La espiritualidad que deseamos.* Buenos Aires: Publicaciones Alianza.

______. (2011). *¿Para qué sirve la teología?* Michigan: Libros Desafío.

______. (2011). *Reino, política y misión.* Lima: Ediciones Puma.

Rooy, S. (1992). "La fe cristiana en el contexto de otras culturas". En *Misión en el camino: Ensayos en honor a Orlando Costas.* Buenos Aires: Ediciones Kairós.

Salazar, E. (2019). "Juntos por la vida y la vida en el Espíritu". En *Hechos, una perspectiva pneumatológica,* Vol. 1, N.° 2, junio 2019. Tennessee: CTP Press.

Sánchez, E. (2007). "Y un niño los guiará. ¡El reino de Dios es cosa de niños!". En *Seamos como niños: Pensar teológicamente desde la niñez latinoamericana*, Nils Kastberg et al. Buenos Aires: Ediciones Kairós.

Schawartz, C. (2005). *Desarrollo natural de la iglesia.* Viladecavalls: Editorial CLIE.

Segura, H. (2011). *Ser iglesia en la era del vacío.* Texas: Editorial Mundo Hispano.

_____. (2015). *Teología con rostro de niñez: Una perspectiva teológica de la infancia.* Viladecavalls: Editorial CLIE.

Smith, G. (2012). *Los profetas como predicadores.* Tennessee: B&H Publishing.

Sneed, B. y Edgemon, R. (1999). *Discipulado que transforma.* Nashville: LifeWay.

Sorge, B. (1993). *Exploración de la adoración.* Miami: Editorial Vida.

Stronstad, R. (1984). *La teología carismática de Lucas.* Miami: Editorial Vida.

Suazo, D. (2012). *La función profética de la educación teológica evangélica en América Latina.* Viladecavalls: Editorial CLIE.

Tuch, E. (2017). *Misión y transformación: Una perspectiva pentecostal.* Oregón: Publicaciones Kerigma.

______. (2025). *El poder transformador de la predicación.* Viladecavalls, España: CLIE.

Vidal, S. *Hechos de los Apóstoles y orígenes del cristianismo.* Cantabria: Editorial Sal Terrae.

Viera, V. (2009). *Discipulado, estrategia para la misión.* Texas: Editorial Mundo Hispano.

Vine, W. E. (2007). *Diccionario expositivo de palabras del Antiguo y Nuevo Testamento.* Tennessee: Grupo Nelson.

Vondey, W. (2019). *Teología pentecostal, viviendo el evangelio completo.* Oregón: Publicaciones Kerigma.

Voth, E. (2001). "Bases bíblicas para la misión integral en contextos de pobreza". En *Misión integral y pobreza, Clade IV*, René Padilla y Tetsunao Yamamori (Eds.). Buenos Aires: Ediciones Kairós.

Wilkins, M. (1992). *Sigamos al Maestro: Teología bíblica del discipulado.* Gran Rapids: Zondervan.

Yates, K. (2007). *Los profetas del Antiguo Testamento.* Texas: Casa Bautista de Publicaciones.

Zorrilla, H. y Chiquete, D. (2008). *Evangelio de Juan: Comentario para exégesis y traducción.* Miami: Sociedades Bíblicas Unidas.